本书由江苏大学专著出版基金资助

基于企业网络的
集群创新研究

王为东 著

A STUDY
OF CLUSTER INNOVATION BASED
ON ENTERPRISES NETWORK

江苏大学出版社
JIANGSU UNIVERSITY PRESS

镇 江

图书在版编目(CIP)数据

基于企业网络的集群创新研究/王为东著.—镇江:
江苏大学出版社,2013.12
ISBN 978-7-81130-637-8

Ⅰ.①基… Ⅱ.①王… Ⅲ.①企业集团－企业管理－
研究 Ⅳ.①F276.4

中国版本图书馆 CIP 数据核字(2013)第 302103 号

基于企业网络的集群创新研究
JIYU QIYE WANGLUO DE JIQUN CHUANGXIN YANJIU

著　者/王为东
责任编辑/柳　艳　顾正彤
出版发行/江苏大学出版社
地　　址/江苏省镇江市梦溪园巷 30 号(邮编:212003)
电　　话/0511-84446464(传真)
网　　址/http://press.ujs.edu.cn
排　　版/镇江文苑制版印刷有限责任公司
印　　刷/丹阳市兴华印刷厂
经　　销/江苏省新华书店
开　　本/890 mm×1 240 mm　1/32
印　　张/5.75
字　　数/180 千字
版　　次/2013 年 12 月第 1 版　2013 年 12 月第 1 次印刷
书　　号/ISBN 978-7-81130-637-8
定　　价/32.00 元

如有印装质量问题请与本社营销部联系(电话:0511-84440882)

目 录

1 导论
  1.1 研究背景与意义 001
  1.2 相关研究综述 003
    1.2.1 集群创新的相关研究 003
    1.2.2 企业网络作用及其演化研究 012
    1.2.3 探索和利用维度的组织学习研究 014
    1.2.4 相关研究总结 016
  1.3 本书研究思路、方法、内容与体系 017
    1.3.1 研究思路与方法 017
    1.3.2 研究内容与体系 018
    1.3.3 本书创新点 020

2 企业网络作用及其演化机制的研究概况
  2.1 基本概念 022
    2.1.1 企业网络的相关概念 022
    2.1.2 探索式和利用式学习的定义与相关概念 025
    2.1.3 集群创新的相关概念 026
  2.2 本书理论基础 028
    2.2.1 企业网络与创新绩效关系的研究 028
    2.2.2 探索式和利用式学习行为与创新绩效关系的
          研究 030

　　　　2.2.3　企业网络与探索式和利用式学习关系的
　　　　　　　研究 031

　　　　2.2.4　企业网络、学习行为与创新绩效关系的
　　　　　　　研究 032

　　　　2.2.5　集群的基本类型 032

3　企业内部网络、双重学习与创新绩效的作用关系研究

　　3.1　理论假设 038

　　　　3.1.1　企业双重学习及其与创新绩效的关系 038

　　　　3.1.2　企业内部非正式关系对学习行为的作用 041

　　　　3.1.3　企业内部正式关系对非正式关系以及
　　　　　　　学习行为的作用 045

　　3.2　实证研究方法和分析过程 050

　　　　3.2.1　样本设置 050

　　　　3.2.2　变量的测量模型 052

　　　　3.2.3　模型估计和评价 053

　　　　3.2.4　研究结果和假设检验 056

　　3.3　研究结论和启示 058

　　　　3.3.1　研究结论 058

　　　　3.3.2　管理启示 060

　　3.4　本章小结 061

4　基于企业间分工合作网络的集群双重学习及创新绩效研究

　　4.1　理论假设 064

　　　　4.1.1　个体和企业的双重学习方式 064

　　　　4.1.2　集群的双重学习及其组织方式 065

　　　　4.1.3　集群企业的分类和研究假设 067

　　4.2　实证研究方法和分析过程 070

　　　　4.2.1　样本采集和变量测量指标选取 070

　　　　4.2.2　模型估计和评价 071

　　　　4.2.3　研究结果与假设验证 074

　　4.3　研究结论与启示 076

　　4.4　本章小结 079

5　基于企业外部网络作用的产业集群及集群企业创新绩效
　　生成的研究

　　5.1　理论假设 083

　　　　5.1.1　集群创新的双重性及创新绩效生成过程 083

　　　　5.1.2　集群学习行为的双重性及其对创新绩效
　　　　　　　生成的作用 085

　　　　5.1.3　集群内、外部连接关系及其对学习行为的
　　　　　　　决定性 087

　　　　5.1.4　集群企业创新绩效生成路径 090

　　5.2　实证研究方法和分析过程 092

　　　　5.2.1　样本采集和变量的测量模型 092

　　　　5.2.2　模型估计和评价 094

　　　　5.2.3　模型修正和假设检验 098

　　5.3　研究结论和启示 101

　　　　5.3.1　研究结论 101

　　　　5.3.2　管理启示 103

　　5.4　本章小结 104

6 集群成长过程中企业网络演化机制研究

6.1 集群成长的本质及路径 108

6.1.1 集群的规模扩张 108

6.1.2 环境对集群成长的影响 110

6.1.3 采用不同学习策略的集群成长路径 112

6.2 企业网络的演化机制 115

6.2.1 企业网络的类型 116

6.2.2 企业网络的成长环境及企业网络转型 117

6.2.3 集群企业在企业网络演化中的作用 119

6.3 案例分析 120

6.3.1 "温州模式"和"苏南模式" 121

6.3.2 产业集群的结构调整 122

6.3.3 "新温州模式"和"新苏南模式" 124

6.3.4 当前两地集群发展面临的问题与对策 126

6.4 结论与启示 127

6.5 本章小结 129

7 领导企业数量特征对集群创新绩效影响的实证研究

7.1 研究基础及理论假设 131

7.1.1 集群知识探索 131

7.1.2 守门者企业与领导企业 133

7.1.3 领导企业应具备的条件 134

7.2 研究背景及方法 135

7.2.1 研究背景 135

7.2.2 概念的操作化定义 136

7.2.3 模型评价 137

7.3　研究结论 138

7.4　本章小结 140

8　研究结论与展望

8.1　研究结论 141

8.2　研究展望 144

附录 146

参考文献 156

1 导 论

1.1 研究背景与意义

随着科技的不断发展和信息化程度的不断提高,企业的发展模式也在经历着深刻的变革。当前,企业越来越难以依靠自身的力量进行竞争,因而转向选择通过战略联盟、网络化组织和产业集群等组织方式提升自身的竞争力。对于国家和地区来说,产业集群的竞争力直接体现为区域竞争力,关系到其兴衰成败。同时,如美国硅谷、马塞诸塞州 128 号高速公路、意大利北部产业区、德国鲁尔工业区等区域产业集群的强劲发展对国家经济起到了强大的支撑作用,[①][②]充分证明了加强产业集群培育的重要性。

当前备受关注的集群内中小企业经营困难与倒闭现象,是经济危机下集群外部环境恶化的重要结果。有数据表明,自经济危机以来,意大利中小企业集群正经历结构重构过程,企业数量、从业人员、企业赢利均普遍减少,如著名的普拉托纺织集群中,企业数量从 1995 年的 7 645 家下降到 2011 年的 3 094 家。同期,我国有关部门对广东、浙江、江苏、江西、上海、安徽、湖南等 16 个省市进行的大规模调研数据显示,大概有 10% 的中小企业在升级,有

---

① Castilla E, Hwang H, Granovetter E and Granovetter M. *Social Networks in Silicon Valley*. Social Networks in Silicon Valley, in The Silicon Valley Edge—A Habitat for Innovation and Entrepreneurship. Stanford University Press, 2000.

② Sturgeon T. What Really Goes on in Silicon Valley? Spatial Clustering and Dispersal in Modular Production Networks. *Journal of Economic Geography*, 2003, 3(4).

20％左右的中小企业在转型,而大量的中小企业——60％～70％则面临严重的生存困境。产业集群作为现代经济的重要组织方式,其绩效提升与持续发展对我国乃至世界经济的顺利复苏起着至关重要的影响。

随着我国改革开放的不断深入和发达国家传统产业制造业的不断转移,中国在全球制造业中的份额也持续提升,到2009年,中国在全球制造业总值中所占比例已达15.6％,取代日本成为仅次于美国的世界第二大工业制造国,其中多个行业或产品产量跃居世界前列,如粗钢产量占世界47％、水泥产量占世界60％以上、港口吞吐量占世界50％以上。全国各地如长江三角洲、珠江三角洲、环渤海湾等地区涌现出一大批各具特色的产业集群,为我国经济的繁荣发展做出了巨大的贡献。从这些集群形成的过程来看,一部分产业集群是受到当地低廉的劳动力成本以及优惠的土地及税收等政策吸引、由跨国公司投资催生的外生型产业集群,如苏州工业园区、广东东莞的计算机零部件生产基地等;另一部分是在本土技术知识基础上发展起来的内生型产业集群,如环太湖地区的纺织行业集群、浙江柳市的低压电器业集群、海宁的皮革服装业集群、嵊州的领带业集群。

在我国外生型制造业集群中,国内企业主要通过配套加工、人才流动获取跨国公司的转移技术和技术溢出效应,实现了一定的发展,但由于跨国公司转移到国内的多是高科技产品的加工装配的低利润劳动密集型环节,其技术也多为非核心的成熟技术。[①] 同时,我国内生型制造业集群已经从对民间技术的模仿、消化吸收阶段过渡到增量创新的阶段,通过对产品结构、性能、生产工艺技术等的二次创新,产品的技术含量和附加值得以提升,集群内产业链的宽度和深度都在扩展,但在价值链中总体上仍处

---

① 吴晓波,马如飞,毛茜敏:《基于二次创新过程的组织学习模式演进》,《管理世界》,2009年第2期。

于较为低端的装配制造环节,研发和自主创新能力不足。可见,总体而言,我国制造业的特点是大而不强,多数制造业产业集群在价值链中尚处于低附加值的底部,研发、营销等生产性服务相对落后。统计数据显示,美国作为世界第一制造大国,其服务型制造企业的产值占所有制造企业产值的 58%,而中国的这一比值却只有 2.2%。

近年来我国对于发展产业集群的热度不减,各级政府纷纷将培育产业集群纳入到区域或产业发展规划中,产业集群对我国国民经济的影响力也日益加大。同时,随着后危机时代我国面临的国际竞争环境更趋复杂,提升外生型产业集群和内生型产业集群的自主创新能力和知识更新速度,推动我国制造型产业集群的持续创新,已成为我国产业集群保持国际竞争力、免遭淘汰的根本保证。遗憾的是,与实践的迫切需要相比,目前关于集群创新的研究仍然有待加强,尤其是需要加强关于集群创新背后的学习过程及其组织结构的研究,以及相关的正式的实证分析。本书将尝试应用规范分析和实证研究的方法,进行力所能及的探讨,无疑具有重要的理论意义和实践价值。

1.2　相关研究综述

1.2.1　集群创新的相关研究

1.2.1.1　创新的定义

随着工业化在全球范围内的完成和后工业时代的来临,知识创新的作用日益显现。管理大师德鲁克指出,依靠资本、劳动力、自然资源等的比较优势的时代已经过去,这个时代强调的是知识和创新。[①] 波特同样指出,竞争优势的时代势不可挡、已经成为

---

① ［美］彼得·F·德鲁克:《创新与创业精神》,张炜译,上海人民出版社,2002 年。

经济现实,创新是区域和国家竞争优势的来源。[1] 但创新的概念并不容易理解,创新的现代定义基本来源于熊彼特的经典概念,即创新是"建立一种新的生产函数",把一种从来没有过的关于生产要素和生产条件的新组合引入生产体系。[2] 熊彼特的"创新"或生产要素的新组合包括五种情况:① 采用新产品;② 采用新技术或新的生产方法;③ 开辟新市场;④ 控制原材料的新的供应来源;⑤ 实现新的生产组织。

在熊彼特看来,创新不仅是提出一个新思想,发明一项新产品或新技术,更应是一个从新想法的产生到商业化应用的完整的实现过程。沿着熊彼特创新概念的思路,Van de Ven[3] 提出,创新的本质是新思想的发展和应用。从这一角度出发,以资源为基础、以知识为基础的理论得到了发展,[4][5][6]这类研究往往将企业或其他组织的目的看成知识的创造和生产。随着近年来组织学习理论的发展,研究者[7]开始从组织与环境相互作用和适应的"问题解决视角"(problem solving perspective)看待和理解创新概念,如 Bathelt 等[8]指出,假如被看成拥有不同类型知识和能力

---

[1]　Porter M E. Location, Competition, and Economic Development: Local Clusters in A Global Economy. *Economic Development Quarterly*, 1990, 14(1).

[2]　[美]熊彼特:《资本主义、社会主义与民主》,吴良健译,商务印书馆,2002 年。

[3]　Van de Ven A H. Central Problems in the Management of Innovation. *Management Science*, 1986, 32(5).

[4]　Conner K, Prahalad C. A Resource-Based Theory of the Firm: Knowledge Versus Opportunism. *Organization Science*, 1996, 7(5).

[5]　Foss N J. Knowledge-Based Approaches to the Theory of the Firm: Some Critical Comments. *Organization Science*, 1996, 7(5).

[6]　Prahalad C K, Hamel G. The Core Competence of the Corporation. *Harvard Business Review*, 1990, 68(3).

[7]　Simon H A. Bounded Rationality and Organizational Learning. *Organization Science*, 1991, 2(1).

[8]　Bathelt H, Malmberg A and Maskell P. Clusters and Knowledge: Local Buzz, Global Pipelines and the Process of Knowledge Creation. *Progress in Human Geography*, 2004, 28 (1).

的行动者进行信息交流以解决如技术、组织、业务等问题的结果，那么组织的创新和学习就容易让人理解了。本书将从这一新视角理解创新概念。

1.2.1.2 地区和集群创新系统的研究

目前创新研究已从个体和企业层次延伸到更高的组织层次。[①] 如 Nelson[②] 和 Lundvall[③] 几乎同时提出"国家创新系统"（National Innovation Systems 或 National Systems of Innovation）的概念，引发了关于区域和国家创新体系建设的一系列研究，该项研究认为区域和国家创新来源于企业、大学、科研机构、政府等主体之间的合作。[④] 类似地，1990 年波特提出了著名的国家竞争优势理论，该理论认为创新和国家竞争优势的获得来源于国内企业的合作。[⑤] 1999 年，经济合作与发展组织（OECD）出版了《集群——促进创新之动力》研究报告，可以看成是集群创新研究的一个新起点。[⑥]

通过上述一系列的研究，地区创新理论基本形成了两个相互联系的理论概念[⑦]：一是区域创新系统（regional innovation systems，RIS），可定义为"与其他地区、国家和国际相联系的知

[①] Pouder R, St. John C H. Hot Spots and Blind Spots: Geographical Clusters of Firms and Innovation. *Academy of Management Journal*, 1996, 21(4).

[②] Nelson R. *National Innovation Systems: A Comparative Analysis*. Oxford University Press, 1993.

[③] Lundvall B. *National Systems of Innovation: Towards A Theory of Innovation and Interactive Learning*. Pinter Publishers, 1992.

[④] Lundvall B. National Business Systems and National Systems of Innovation. *International Studies of Management &Organisation*, 1999, 29 (2).

[⑤] Porter M. *The Competitive Advantage of Nations*. Free Press, 1990.

[⑥] 钟书华：《创新集群：概念、特征及理论意义》，《科学学研究》，2008年第1期。

[⑦] Moulaert F, Sekia F. Territorial Innovationmodels: A Critical Survey. *Regional Studies*, 2003, 37 (3). Asheim B T & Coenen L. Knowledge Bases and Regional Innovation Systems: Comparing Nordic Clusters. *Research Policy*, 2005, 34.

识生产和利用的次级系统",①这一系统跨越地区经济的不同部门;另一相关概念是集群(clusters),可定义为"在同一个地理区域内相同或相近产业部门内相互依赖的企业集聚"。② 可见,从构成主体来说,集群的概念显然比区域创新系统的概念要狭窄,可以看成区域创新系统的一个组成部分,如 Hendry 等③将企业集群看成区域创新的核心系统,而将地区内中介机构、大学、科研机构、政府等看成区域创新体系的辅助支撑系统。而波特则从整体的角度将产业集群定义为:"一组在地理上靠近的相互联系的公司和关联的机构,它们同处在一个特定的产业领域,由于具有共同和互补性而联系在一起。"④而与上述两个概念不同,本书中基于企业外部网络的集群创新指的是集群的创新嵌入以集群地理区域内、外部企业为节点,以企业间关系为边界的企业外部网络之中。

1.2.1.3 集群成长的研究

集群在不同发展阶段的成长是集群研究关注的重要问题,集群成长与集群创新紧密相关,集群的顺利成长依赖于集群的创新。加深对集群成长的理解,不仅对集群创新的研究具有重要的意义,而且对明确集群发展的方向具有重要的实践指导价值。潘罗斯最早关注到集群成长现象,⑤并将作为结果的数量增加和作

---

① Cooke P. Evolution of Regional Innovation Systems: Emergence, Theory, Challenge for Action. In Cooke P, et al. (Eds.), *Regional Innovation Systems* (2nd Ed). Routledge, London, 2004.

② Isaksen A. Regional Clusters Building on Local and Non-Local Relationships: A European Comparison. In Lagendijk A, Oinas P (Eds.), *Proximity, Distance and Diversity: Issues on Economic Interaction and Local Development*. Ashgate, Aldershot, 2005.

③ Hendry C, Brown J and Defillip R. Regional Clustering of High Technology-based Firms: Opto-electronics in Three Countries, *Regional Studies*, 2000, 34 (2).

④ Porter M. *On Competition*. Harvard Business School Press, 1998.

⑤ Penrose E. *The Theory of the Growth of the Firm*, Oxford University Press, 1959.

为原因的组织内在变化分开进行理解。这一区分方式对集群创新的研究同样具有启示性,本书将对作为创新结果的创新绩效和作为原因的组织学习及其组织结构做出区分,并研究两者之间的作用关系。一直以来,企业层面的成长理论在国内外都是经济学、管理学和社会学学者关注和研究的主题。① 目前,成长理论的主要关注对象已逐步从企业延伸到集群,如"集群企业网络化成长"②"集群企业成长"③"企业集群式成长"④等。这些研究大多集中于集群如何促进企业成长的角度,而在集群层面上,对作为一种产业组织形态的集群成长而不是企业成长的研究目前仍较为缺乏,尤其是较为正式的定量研究较少,其原因之一在于集群是比企业更为复杂的概念,不同产业集群以及在集群不同发展阶段,集群的特征及成长的路径差异很大,因此至今还没有对集群成长形成较为一致的解释范式。本书将在集群创新研究的基础上对集群成长进行探讨。

1.2.1.4 集群升级的研究

集群升级是与集群创新高度相关的问题,目前关于集群升级的研究有明确的指向,大多是在全球价值链(Global Value Chain,GVC)的背景下研究地方产业集群的升级,以将地方产业

① 邬爱其,贾生华:《企业成长机制理论研究综述》,《科研管理》,2007 年第 2 期。
② 邬爱其:《集群企业网络化成长机制研究——对浙江三个产业集群的实证研究》,浙江大学博士学位论文,2005 年。
③ 黄洁:《集群企业成长中的网络演化》,浙江大学博士学位论文,2006 年。
④ 彭澎:《基于社会网络视角的高技术企业集群式成长机制研究》,吉林大学博士学位论文,2007 年。

集群嵌入到全球价值链之中。①②③ 尽管在全球化背景下,这项研究取得了很多研究成果,但对集群升级较为明确的定义、系统的理论以及清晰的政策、建议等研究成果仍然不足。根据潘罗斯对成长现象的理解,集群升级研究同样可以区分为作为结果的数量增加和作为原因的学习过程及其组织结构的变化。据此可以对集群升级做一定的梳理。

就结果层面而言,较为典型的是基于全球价值链角度将升级分为过程升级、产品升级、功能升级、链的升级,④具体内容如表1-1 所示。在这一层面上,许多集群研究注重从成功集群升级的研究中总结对我国集群升级有价值的经验,如从 OEM 到 ODM再到 OBM 的升级,如表 1-2 总结了台湾 PC 产业集群的升级过程的特征和表现。就原因层面而言,目前产业集群升级的研究已开始深入到升级背后的学习过程和组织结构,尽管相关研究仍然很少。如梅丽霞等⑤从升级背后的能力角度将产业集群的升级定义为地方产业集群在全球价值链上获取附加值能力的提升,并将集群升级区分为五个方面:技术能力、创新能力、外向关联、社会资本和创新系统的升级。

---

① Gereffi G. The Global Economy: Organization, Governance, and Development. Smelser N and Swedberg R. *Handbook of Economic Sociology* (2nd Ed). Princeton University Press and Russell Sage Foundation, 2003.

② Gereffi G, Humphrey J and Sturgeon T. The Governance of Global Value Chains: An Analytical Framework. Paper Presented at the Bellagio Conference on Global Value Chains, April, 2003.

③ Humphrey J. Upgrading in Global Value Chains. Paper Presented at the Bellagio Conference on Global Value Chains, April, 2003.

④ 文嫮,曾刚:《全球价值链治理与地方产业网络升级研究——以上海浦东集成电路产业网络为例》,《中国工业经济》,2005 年第 7 期。

⑤ 梅丽霞,柏遵华,聂鸣:《试论地方产业集群的升级》,《科研管理》,2005 年第 5 期。

表 1-1　价值链分析地方产业网络的四种升级类型①

升级类型	实　践	表　现
过程升级	生产过程变得更有效率	降低成本、增强传输体系、引进新组织方式
产品升级	加快新产品研发、比对手更快的提升质量	新产品、新品牌、增加产品市场份额
功能升级	改变在价值链中的位置	提升在价值链中的位置，专注于价值量高的环节，把低附加值的活动放弃或者外包
链的升级	移向新的价值量高的相关产业价值链	得到相关和相异产业领域的高收益率

　　此外，由于产业集群的初始条件不一样，产业升级过程中所面临的问题有差异，产业升级的路径也不一样。当前的升级研究主要聚焦于由跨国公司催生的外生型产业集群的问题，该类集群的升级有现成的经验可以借鉴，如日本和东亚四小龙的成功，通过所谓的"出口导向"到"进口替代"实现经济腾飞。因此，以往我们倾向于认为，我国外生型产业集群的升级将可以通过"以市场换技术"的方式来实现。② 如 Gereffi 乐观地认为，领先公司对价值链的治理，能帮助发展中国家的地方产业网络顺利地在价值链中实现阶梯式的升级。③ 但众多实践表明，该类集群的升级远远没有那么顺利，如在我国通信产业的发展过程中，跨国公司是基于自身利益进行技术转移的，因此它们始终把尖端技术控制在自

---

　　① Kaplinsky, Morris. A Handbook for Value Chain Research. Prepared for the IDRC, 2001.

　　② Tan Z A. Product Cycle Theory and Telecommunications Industry: Foreign Direct. Investment, Government Policy, and Indigenous Manufacturing in China. *Telecommunications Policy*, 2002, 26.

　　③ Gereffi G. The Global Economy: Organization, Governance, and Development. In Smelser N and Swedberg R. *Handbook of Economic Sociology* (2nd Ed). Princeton University Press and Russell Sage Foundation, 2003.

己手中,而将中低端技术转让给中兴、华为等中国公司。[①] 根据上海 IC 产业集群升级的实践,文嫱等指出,价值链治理者——全球的领先公司对地产业网络升级的推动或阻挡,决定于地方产业网络的升级行为是否侵犯了其核心竞争力。[②]

表 1-2　台湾地区 PC 产业集群的升级历程[③]

时期	产业发展阶段	集群升级特征和表现
20 世纪 80 年代前期	创业初期	FDI 和 OEM 是主要出口动力;部分本地企业源自 20 世纪 60 年代台湾地区的电子生产企业,具有基本生产和设计能力。
20 世纪 80 年代后期	OEM(原始设备制造)为主	形成低成本和弹性专精的生产基地和分包网络;国外先进的技术和管理方式帮助本地企业打开国际市场;本地企业开始在境外销售自由品牌。
20 世纪 90 年代前期	从 OEM 到 ODM (原始设计制造)	跨国公司 FDI 大幅撤离;形成了全球化运作的壁垒;本地企业与国外客户的 OEM 伙伴关系提升台湾地区 PC 集群的产品设计和开发能力,重视质量控制;由于新台币升值和劳动力成本升高,削减了台湾地区作为低成本生产地点的比较优势;全球 IT 业低迷影响其 OBM 进程。
20 世纪 90 年代后期	ODM/全球化物流	降低成本,快速响应市场需求;本地企业设计、物流和生产能力在长期积累中不断地升级;部分本地旗舰企业与跨国公司签订全球物流协议,领头实现功能性产业的升级。

---

①　Tan Z A. Product Cycle Theory and Telecommunications Industry: Foreign Direct. Investment, Government Policy, and Indigenous Manufacturing in China. *Telecommunications Policy*, 2002, 26.

②　文嫱,曾刚:《全球价值链治理与地方产业网络升级研究——以上海浦东集成电路产业网络为例》,《中国工业经济》,2005 年第 7 期。

③　梅丽霞,柏遵华,聂鸣:《试论地方产业集群的升级》,《科研管理》,2005 年第 5 期。

续表

时期	产业发展阶段	集群升级特征和表现
20世纪90年代以后至今	以 OBM（原始品牌制造）为主的阶段	作为世界 PC 生产中心的地位逐渐下降,担当 PC 产业集群总部角色;主力转向设计、策划、营销和品牌等环节,形成一批自有品牌,如 Acer、华硕、伦飞等;向大陆转移的海外生产比率逐渐提高,总部控制核心价值环节。

针对本地企业在全球价值链中处于不利位置的状况,产业集群升级战略提出,要在诸多产业领域减少跨国公司的控制,在价值链中掌握权力,获取更多利益。据此,俞荣建和吕福新[1]强调突破现有的由跨国公司控制的全球价值链,建立具有自主性的全球价值网格（Global Value Grid，GVG）,内容和特点如表1-3所示。可见,进一步的集群升级研究不仅应深入到集群发展背后的学习和组织过程,而且应立足于本地企业自主创新和能力培育,该项研究应包括两个方面:一是外生型产业集群中本地企业升级的研究,二是内生型产业集群的升级研究。

表 1-3　GVG 的维度及其描述[2]

GVG 维度	描　　述
垂直	企业通过重新审视其所嵌入的全球价值链上下游延伸环节,搜寻新的商业机会,选择合适的方式介入,以构筑自身的价值权力。
水平	企业通过横向审视其所嵌入价值链之外的其他价值链条,在现有核心能力基础上,选择合适的方式介入,以构筑自身的价值权力。
对角	企业寻找国内、国际产业生态圈中的价值资源,并与相关机构进行广泛合作,形成自身核心能力,构筑价值权力。

---

① 俞荣建,吕福新:《由 GVC 到 GVG:"浙商"企业全球价值体系的自主构建研究——价值权力争夺的视角》,《中国工业经济》,2008 年第 4 期。
② 同①。

1.2.2　企业网络作用及其演化研究

1.2.2.1　"嵌入性"的概念

格兰诺维特[①]于 1985 年提出"嵌入性"(embeddedness)的概念,认为经济行为是嵌入在社会结构之中的,突破了从个体理性角度解释经济行为的新古典经济学传统,而试图从结构对行为的作用中去理解经济行为,提供了经济行为研究的新视角。自这一概念提出以来,从网络的角度解释经济行为正成为经济研究的一支重要力量。企业网络理论是 20 世纪 80 年代逐渐兴起和发展起来的一个多学科交叉的研究领域,它的兴起和迅速发展有着深刻的理论基础和现实背景,一是传统企业理论中的边界清晰的"企业—市场"两分法受到挑战,"企业—网络—市场"的新框架正在逐渐形成;二是经济全球化的背景下,企业和市场的明确边界不断被打破,各种类型的网络组织不断涌现,如跨国公司、战略联盟、产业集群等。[②]

但企业网络的研究大多是基于企业间两两关系的关系维度来展开的,如关系强度、关系质量、连接关系等,[③]而对更高层次结构维度的作用研究相对较少。[④] 由于关系和结构维度的企业网络都会影响集群创新和成长,因此深入研究企业网络这两个维度的作用,对产业集群理论和产业集群的发展实践都具有重要的意义,本书的研究主要是从关系维度出发。

---

① Granovetter M. Economic Action and Social Structure: The Problem of Embeddedness. *American Journal of Sociology*, 1985, 91.

② 黄洁:《集群企业成长中的网络演化》,浙江大学博士学位论文,2006 年。

③ Ahuja G. Collaboration Networks, Structural Holes, and Innovation: A Longitudinal Study. *Administration Science Quartly*, 2000, 45.

④ 嵌入性的类型包括了结构嵌入、认知嵌入、制度嵌入、文化嵌入等,而广义的结构嵌入又包括关系嵌入和狭义的结构嵌入,这里指的是狭义的结构嵌入。

1.2.2.2 企业网络演化的研究

从复杂系统演化的角度看，产业集群的成长与企业网络的整体结构与态势在不同成长阶段的演化高度相关。集群成长阶段的研究一般是从生命周期的角度，如波特[1]将产业集群的生命周期分为诞生、发展和衰亡三个阶段；类似地，Tichy[2]将产业集群生命周期划分为产生阶段、成长阶段、成熟阶段、衰退阶段等四个阶段；Bergman 和 Feser[3]认为集群的发展过程可分为潜在阶段、显现阶段、已存阶段和衰退阶段；魏守华等[4]依据集群竞争优势的发展，将集群成长分为发生、发展和成熟三个阶段，张永安等[5]将产业集群的演化分为形成期、成长期、成熟期、衰退期四个阶段。

相关研究已逐步深入到集群成长背后的组织结构，如 Garofoli[6]根据意大利的经验研究将集群发展分为三个阶段：区域生产专业化阶段、地区生产系统化阶段、区域系统化阶段。秦夏明等[7]认为集群要素结构演化有四个发展阶段：基本要素集聚阶段、价值链集聚阶段、社会网络集聚阶段和创新体系集聚阶段。

① Porter M E. Clusters and the New Economics of Competition. *Harvard Business Review*，1998，76（6）.

② Tichy G. Are Today's Clusters the Problem Areas of Tomorrow? In Competence Clusters Ed. Steiner M（Leyam，Graz），1997.

③ Bergman E M；Feser E J. Industrial and Regional Clusters：Concepts and Comparative Applications. *Regional Research Institute*. West Virginal University，1999.

④ 魏守华，石碧华：《论企业集群的竞争优势》，《中国工业经济》，2002 年第 1 期。

⑤ 张永安，王娟：《目前产业集群演化研究的进展与不足》，《经济论坛》，2008 年第 2 期。

⑥ Gioacchino Garofoli. New Firm Formation and Regional Development：The Italian Case. *Regional Studies*，1994，28（4）.

⑦ 秦夏明，董沛武，李汉铃：《产业集群形态演化阶段探讨》，《中国软科学》，2004 年第 12 期。

范如国和许烨①通过计算机仿真将集群演化分为四个阶段：网络演化初始阶段，网络演化的形成阶段，网络演化的成熟阶段，网络演化的平庸阶段。陈欢和王瑟②则直接从企业网络的视角把集群生命周期分为孕育期、成长期、成熟期、衰退期等四个阶段。沈秋英等③从集群网络结构的规模演化出发将集群发展区分为生长、淘汰、震荡和稳定等四个阶段，成长曲线呈躺倒的"S"形。

1.2.3　探索和利用维度的组织学习研究

组织学习过程是结构作用于创新的必要环节。March④ 于1991 年提出了组织学习的一个重要维度，即探索和利用（exploration and exploitation）。March 认为由于两者对资源的竞争关系，探索和利用是渗透在组织各个层次、各个单元的基本矛盾。探索和利用概念的提出对组织、管理和创新的理论和实践构成了重要挑战。为应对这一挑战，学者们进行了大量深入的理论研究、案例分析和定量研究。20 多年来，探索和利用成为组织学习和战略管理方面最重要的研究对象之一，目前该项研究较为一致的观点是，组织的持续创新依赖于探索和利用的平衡，⑤这为本书的集群持续创新的研究提供了全新的视角，而从这一角度对集群创新的定性和定量研究目前还很少。

在理论研究方面，学者们已明确提出平衡探索和利用的两个

---

①　范如国，许烨：《基于复杂网络的产业集群演化及其治理研究》，《技术经济》，2008年第 9 期。

②　陈欢，王瑟：《基于企业网络结构视角的产业集群生命周期研究》，《技术与市场》，2008 年第 8 期。

③　沈秋英，王文平，王为东：《基于信任和企业进入退出机制的产业集群规模演化研究》，《中国管理科学》，2009 年第 4 期。

④　March J. Exploration and Exploitation in Organizational Learning. *Organization Science*, 1991, 1 (2).

⑤　He Z L, Wong P K. Exploration vs. Exploitation: An Empirical Test of the Ambidexterity Hypothesis. *Organization Science*, 2004, 15(4).

基本管理方案,即基于空间维度分工整合的双重性①(ambidex-terity)方案和基于时间维度分工整合的跨时段均衡(punctuated equilibrium)方案。目前的研究主要围绕双重性方案进行,研究也更为成熟。双重性方案的大量定量研究成果大多集中在企业层次上,探索式学习和利用式学习、探索式创新和利用式创新对企业绩效的作用得到了国内外大量研究的支持。近来,这项研究已开始延伸到企业间战略联盟关系以及社会网络的研究之中。②与双重性研究的大量研究相比,对跨时段均衡方案的研究则非常少,尤其是正式的定量研究较为缺乏。③ 学者们明确指出,跨时段均衡是双重性的可替代方案,并且在实践中得到广泛应用,正如 Siggelkow 和 Levinthal④ 所指出的,组织按照时序性的方法分配资源和注意力的平衡方法是目标冲突和有限理性的结果。但在时间维度上如何实施跨时段均衡方案仍是尚待解决的重要问题。

可见,双重性的研究是当前组织学习研究的方兴未艾的课题,许多相关的问题仍没有得到很好的解决,比如在空间维度上,不同层次的组织单元如何构建探索和利用的系统以有效管理探索式学习和利用式学习,各层次之间探索和利用的关系怎样。进一步地,在双重性研究的基础上对在时间维度上跨时段均衡问题的关注和研究也刚刚开始,一系列相关问题有待解决,如组织如

---

① 牛津词典将 ambidexterity 译为"能够同样灵活使用左右手",应是指同时做两件不同事情的能力。国内学者往往将其译为二元性,但这一译法使人容易联想到哲学上将矛盾双方割裂开来的二元论(dualism),因此本书将该词译为"双重性",以强调对立面的统一性。

② Jarillo J C. On Strategic Network. *Strategic Management Journal*, 1988, 9(1).

③ Gupta A, Smith K and Shalley C. The Interplay between Exploration and Exploitation. *Academy of Management Journal*, 2006, 49 (4).

④ Siggelkow N and Levinthal D. Temporarily Divide to Conquer: Centralized, Decentralized, and Reintegrated Organizational Approaches to Exploration and Adaptation. *Organization Science*, 2003, 14 (6).

何实施和管理跨时段均衡方案,组织需要作什么样的调整,以及空间维度的双重性方案与时间维度的跨时段均衡方案是否完全冲突,有没有将两个方案整合的可能,等等。

1.2.4 相关研究总结

从相关研究回顾可以发现,集群发展问题吸引了学者们的广泛关注,近来该项研究与社会网络和知识管理的研究有交叉融合的趋势。集群研究正从对创新和成长的结果研究逐步深入到集群在与环境相互作用过程中的学习过程及其组织结构,以更好地了解集群创新的动力来源。关于企业网络的研究表明,集群的创新与企业间网络结构高度相关,企业内、外部网络是集群创新的重要动力来源。而关于组织学习的最新研究表明,组织的持续创新和发展依赖于利用式学习和探索式学习之间的平衡和匹配,这就为集群企业间异质性分工合作和集群创新的研究提供了新视角。尽管集群发展已有一定的研究基础,但目前集群创新的相关研究中仍存在如下问题:

(1)在研究主题上,当前研究大多着眼于作为创新结果的规模和数量的增加,对集群创新背后的学习过程及其组织结构的研究相对较少。仅从现象层面去总结国内外产业集群成功发展的经验常常会陷入自相矛盾的误区,比如许多学者将意大利北部产业区的成功归结为中小企业的作用,但是中小企业最为发达的意大利普拉托产业区却陷入了停滞和解体的发展困境,我国温州产业集群近年的遭遇也与此非常相似。另外,学者们也强调"龙头"大企业在创新中的作用,但一度引领美国128号公路成为半导体行业先驱的大企业在后期与硅谷等地区的企业竞争中却绩效平平,结果导致了整个地区经济的衰退。可见,仅仅总结作为结果的现象层面的经验是难以提供对集群创新具有系统性的意见和建议的。

(2)在研究对象上,针对结构和学习的现有研究大多是着眼于企业层面的创新研究,而对集群层面的相关研究较少。网络结构研究目前基本以企业内部或外部网络与企业创新绩效的关系为研究对象,且大多是基于企业间两两相对的关系维度研究,较少涉猎更高层次结构的作用研究。同时这些研究大多是研究静态的网络结构对企业创新绩效的作用,而较少研究集群成长过程中网络结构的演化机制及其作用。同样,已有的双重学习研究基本聚焦于企业层面,目前大量研究集中在企业内部和企业间战略联盟两个方面,而针对集群层面的双重学习研究仍是一个全新的挑战。

(3) 在研究方法上,相关研究大多停留于理论和以案例为主的定性研究,正式的实证和定量分析较少。由于集群组织的复杂性,涉及不同因素和不同学科,至今没有形成较为一致的解释范式。并且当前对集群创新的研究基本建立在案例研究的基础上,所提炼出的经验和理论大多还没有得到定量的实证研究的支持。因此集群创新的研究不仅要依赖于经济学、管理学、社会学等学科的进一步综合,而且需要设计出具体的定量研究方法对已有的理论假设进行实证分析,从而为该项研究奠定坚实的基础。

1.3　本书研究思路、方法、内容与体系

1.3.1　研究思路与方法

针对现有研究的不足,本书将以企业网络与集群创新的关系为研究主题,借鉴相关领域最新的研究成果,结合集群层面的特有条件,采用定量分析和定性分析相结合的方法,由内而外(从企业内部网络到企业外部网络)、由静到动(从静态结构到结构演化),深入研究企业网络和学习行为与集群创新的作用关系以及集群成长过程中企业网络的演化机制。

本书通过研究,试图解答下面一系列问题:① 企业内部网络促进企业创新的机制是什么,组织学习在其中起着怎样的作用;② 企业间如何进行分工合作才能促进集群的持续创新,不同类型的集群企业在这一过程中的地位和作用如何;③ 企业外部网

络如何促进企业和集群整体的创新;④ 在集群发展的不同阶段企业网络分别具有什么样的特征,企业网络如何转型和变革才能促进集群的持续创新和成长。

由于企业网络的作用和演化研究涉及跨层次和跨时段问题,本书将采用定量的实证分析和定性的案例分析等方法加以研究。在企业和集群层次的静态分析中采用结构方程模型方法验证理论假设,尤其是对企业网络与集群创新绩效的作用关系研究中,创造性地使用了分样本的定量分析方法来验证本书的假设,弥补当前在集群层面研究中定量分析严重不足之处。在定量的实证研究中,采用了江苏省六合化工产业集群中企业的调查数据,而对企业网络演化和变革的研究则采用案例分析的方法。

1.3.2　研究内容与体系

在具体的研究过程中,本书根据总体研究思路安排文章的内容与体系:首先研究企业的内部网络对企业创新绩效的作用关系;其次研究基于企业间分工合作的集群双重学习机制及其对集群创新绩效的作用;接着研究企业和集群创新绩效生成过程中企业外部网络的作用;最后研究集群成长过程中企业网络的演化机制。

本书的具体内容和章节安排如下。

第一章:导论。本章首先交代了本书的研究背景与意义,并提出了相应的研究问题。围绕这些问题,对国内外相关研究进行了评述,并提出本书问题研究的基本思路与方法,以及全书的主要内容和创新之处。

第二章:本书概念的界定和相关研究基础的介绍。本章界定了本书所涉及的基本概念,对企业网络、双重学习和创新绩效三者关系的相关研究进行了回顾和梳理,围绕本书所涉及的主要理论观点展开述评。在对相关理论前沿动态有效把握的基础上,理清本研究对该领域现存理论观点的继承和拓展的关系。

第三章:企业内部网络、双重学习与创新绩效的作用关系研究。本章考察企业内个体间正式关系和非正式关系的相互作用及其对企业双重学习和创新绩效的影响,并以实证研究方法验证理论模型。其中,正式关系具体由作为其形成基础的组织设计和IT设计两个概念和变量来衡量,非正式关系具体由个体间跨部门的人际交流的关系强度和关系质量来表示。

第四章:基于企业间分工合作的集群双重学习及创新绩效研究。在前一章对集群企业同质性假设的整体研究基础之上,根据集群企业间基于学习行为的分工合作关系,将集群中的企业按照研发投入数量区分为领导型企业和跟随型企业,并通过结构方程模型方法分析和比较两类企业在学习行为和创新路径上的差异,以此推断集群不同类型企业间在学习行为上是否存在异质性分工合作关系,分析其对集群创新绩效的作用。

第五章:产业集群及集群企业创新绩效生成的企业外部网络作用研究。本章进一步将创新机制的研究从企业内部网络延伸到企业外部网络,研究企业间网络关系对集群企业和集群整体创新的作用关系,并将双重性的概念从学习延伸到结构和创新,提出结构双重性和创新双重性的概念。在此基础上,通过结构方程模型方法实证研究集群中领导型企业和跟随型企业在网络连接关系、学习行为和创新绩效的作用路径上是否存在显著差异,借以推断集群企业间在结构和学习行为以及创新绩效的协同关系及其对集群创新绩效生成的影响。

第六章:集群成长过程中企业网络演化机制的研究。本章研究集群成长不同阶段环境的周期性变化、企业网络的转型和变革以及集群学习策略的调整,并分析了"苏南模式"和"温州模式"分别向"新苏南模式"和"新温州模式"的转变中企业网络的演化过程,为两地集群发展提供了明确的方向和具体的政策建议,对我国制造业产业集群的结构调整具有重要的启示。

第七章:以苏南特色产业基地为实证对象,揭示集群龙头企业的规模、数量及比重对集群创新绩效的影响关系。

第八章:结论与研究展望。总结了全书的研究工作与所获得的研究成果,分析研究的不足之处,指出进一步研究的方向。

本书研究体系如图 1-1 所示:

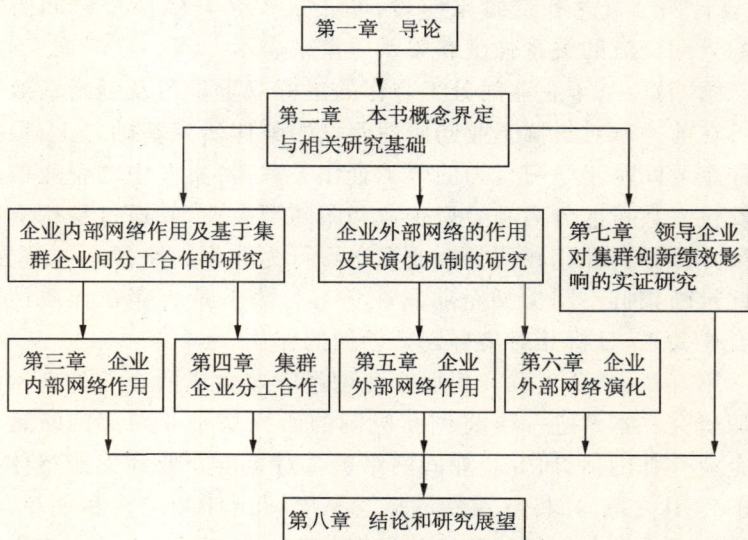

图 1-1 文章结构体系

1.3.3 本书创新点

本书的创新之处有以下几点:

(1)本书分析了企业内部网络、双重学习和创新绩效的作用关系和路径,并采用定量研究方法予以实证,研究发现企业内的 IT 设计与非正式关系相互促进;本书研究认为,探索式学习和利用式学习行为都对企业的创新绩效有促进作用,但探索式学习发挥的作用相对较小,且正式关系和非正式关系主要通过利用式学习行为提升企业的创新绩效。

(2)根据个体和企业层次知识创新和学习的相关研究进展,结合集群特有的组织条件,本书首次提出了集群双重学习的概念及其组织方式,并创造性地将集群企业区分为领导型企业和跟随型企业,突破了以往同类研究中同质性假设的局限。对两类企业的实证研究发现,领导型企业侧重于探索式学习,跟随型企业更加侧重于利用式学习;领导型企业和跟随型企业这种学习策略具有显著互补性,有利于企业间的异质性互动和集群的双重学习及持续创新。

(3) 将双重性的概念从学习进一步延伸到结构和创新,提出了"结构双重性"和"创新双重性"的概念,拓展了双重性的研究空间,并实证研究了企业和集群创新绩效生成的"结构—行为"路径。研究发现,企业的集群内部和外部连接关系,分别是支持集群企业利用式和探索式学习的结构基础,并通过两种学习行为分别作用于集群企业的突破式和增量创新绩效;集群企业通过两条"结构—行为"路径生成创新绩效:① 内部连接关系→利用式学习→增量创新绩效;② 外部连接关系→探索式学习→突破式创新绩效。领导型企业会同时利用这两条路径生成创新绩效,但与跟随型企业相比,其更专注于后一条路径,跟随型企业则主要通过前一条路径生成创新绩效。两种类型的企业通过突破式创新和增量创新的分工协作,共同生成集群整体的创新绩效。

(4) 讨论了环境变化条件下企业网络的演化机制,以及集群企业创新、学习行为和连接关系的调整,并通过案例分析了"苏南模式"和"温州模式"向"新苏南模式"和"新温州模式"的成长过程中企业网络的演化。研究表明:在集群向新阶段的成长过程中,企业网络需要转型以适应新的环境;由于企业网络原有的构造不同,企业网络转型的战略存在着差异;在集群成长前一阶段企业网络具有竞争力且得到了充分发展,但随着集群创新和成长对其过度嵌入,企业网络在新环境下转型的难度可能更大。这就要求我国制造业产业集群在日益开放的全球化新环境中尽早推动企业网络的变革和转型,以促进集群的迅速适应和成长。

2　企业网络作用及其演化机制的研究概况

2.1　基本概念

2.1.1　企业网络的相关概念

企业网络的作用研究根源于社会网络的"嵌入性"的概念及与之相关的社会学结构功能主义传统,强调的是社会结构对主体经济行为的影响。因此,企业网络在企业治理中代表着一种重要的战略思维方式,即在新的全球化环境下通过集体的方式参与竞争。[1][2] 一般来说,网络是由节点、节点间的联结或称边以及边上的能量流动所构成。在本书中,强调的是集群中主体——企业的行为受到企业内、外部关系网络的影响。

2.1.1.1　企业内部网络和外部网络的定义

学者们认为,社会结构基本由三类关系构成:市场关系、层级关系和社会关系,且三类关系并不相互排斥。企业之间的关系往往被看成是包含了市场关系和社会关系,而企业内部关系则看成是正式的层级关系和非正式的社会关系的结合。[3] 企业主体的行为既受到企业内部关系和企业外部关系的影响,正如 Adler 和

---

[1]　Jarillo J C. On Strategic Network. *Strategic Management Journal*, 1988, 9(1).

[2]　许小虎,项保华:《企业网络理论发展脉络与研究内容综述》,《科研管理》,2006年第 1 期。

[3]　Adler, Kwon. Social Capital: Prospects for A New Concept. *Academy of Management Review*, 2002,27(1).

Kwon 所指出的,企业行为既受到与其他企业和机构的外部联结的影响,又受到内部联结构造的影响,即有效行动的能力是这两者的函数。因此,在本书中企业网络(enterprise networks)包括企业内部网络(intrafirm networks)和企业外部网络(interfirm networks)两个部分。

企业内部网络是企业内个体间人际交往的关系网络,其内容包括正式的组织关系和非正式的社会关系(formal ties and informal ties,本书简称正式关系和非正式关系)。

企业外部网络则是以企业为节点、以企业间关系为边的网络,网络内容包括企业间的经济和社会关系。本书中的企业外部网络具体是指由地理集群内企业以及与这些企业有直接关系的集群外部企业为节点、以企业间的关系为边的网络。由概念可知,本书的企业外部网络可根据地理区域的边界分为两部分,一部分是地理集群内企业之间的关系网络,另一部分是集群内企业与地理集群外企业的直接关系。

正如研究综述部分所指出的,目前关于企业网络对主体行为的作用的研究也大致基于企业内、外部网络这两个方面来展开。一方面研究企业内部部门个体或跨部门间人际关系网络对企业整体行为的作用,如网络关系的强度、质量等,以及网络规模、稠密度、连通性等整体网络变量的影响。另一方面,研究企业外部的自我中心网络(ego-centric networks)对企业行为的作用,可使用的变量如中心性(centrality)、结构洞(structural holes)等,有助于解释企业在竞争中成功的原因。此外,在企业外部网络研究中也经常使用前述网络规模、稠密度、连通性等整体网络变量研究企业网络结构对网络整体行为的影响,如对联盟网络、产业组织、地理集群等的研究。

企业网络不是固定不变的,节点属性的变化,网络关系的加强、减弱、增加和删除,都会改变企业网络的结构。集群成长不同阶段企业网络的特征及不同阶段的过渡过程中企业网络的演化机制是企业网络研究的重要主题之一,本书会具体以集群成长过程中企业外部网络的演化机制为对象进行研究。

2.1.1.2　企业网络结构中关系维度的相关概念

综述部分已经指出,根据"嵌入性"的概念,企业的行为会受到企业网络构造的影响,这一影响包括两个维度:关系维度和结构维度,也可称之为行为的关系嵌入(relational embeddedness)和结构嵌入(structural embeddedness)。当前的研究大多集中在前一方面,如从正式程度、强度、质量和连接关系等角度来研究关系特征及关系类型对企业行为的作用。[①]

本书同样聚焦于企业网络的关系维度的作用研究。在企业内部网络的作用研究中,首先按照关系的正式程度将关系区分为正式关系和非正式关系,正式关系具体是指个体间的正式的组织关系,在本书中由作为正式关系形成基础的组织设计(organization design)和 IT 设计(information technology design)这两个变量衡量。在本书中非正式关系具体是指以个体间跨部门的人际交往的关系,它对提升企业能力具有特殊作用,并以关系强度(ties strength)和关系质量(ties quality)两个方面来衡量。可以使用已有的成熟量表来衡量上述变量。

在企业外部网络的研究中,本书同样从关系维度出发,根据集群企业连接关系及其作用的研究进展,将企业外部的直接连接关系区分为企业在地理集群内部直接的连接关系(internal linkages)和地理集群外部直接的连接关系(external linkages),研究两类连接关系对企业学习行为及创新绩效的影响。连接关系的内容包括经济和社会关系两种。

---

①　Prahalad C K, Hamel G. The Core Competence of the Corporation. *Harvard Business Review*, 1990, 68(3).

2.1.2 探索式和利用式学习的定义与相关概念

2.1.2.1 探索式学习和利用式学习的定义

March[①] 从组织学习的角度定义探索和利用（exploration and exploitation），探索是指搜索、变异、风险承担、试验、赌博、灵活性、发现、创新等相关活动，而利用是指提炼、选择、生产、效率、挑选、应用、执行等相关活动。相关研究认为，探索和利用的矛盾是组织的一项基本矛盾，渗透在组织不同层次以及活动中。[②] 目前，对探索和利用的研究主要针对组织学习的具体研究问题，如研究探索式知识分享（exploratory knowledge sharing）和利用式知识分享（exploitative knowledge sharing）的来源和作用，探索式创新（exploratory innovation）和利用式创新（exploitative innovation）的作用等。

由于本书会具体研究知识搜索和学习行为的结构基础及学习行为对创新绩效作用，因此，本书将组织学习作为行为来理解，使用探索式学习（exploratory learning）和利用式学习（exploitative learning）这一对范畴。本书将利用式学习定义为对已有知识和能力的精炼和挖掘，将探索式学习定义为通过探索和试验拓展新知识。

2.1.2.2 双重性和双重学习的定义

综述部分已经指出，探索和利用的矛盾和张力需要管理和平衡以促进持续的创新，研究者提出了两个管理方案，即双重性（ambidexterity）方案和跨时段均衡（punctuated equilibrium）方案。前者是指将组织从空间上分为不同部分，使其分别从事两类

---

① Levinthal D. Adaptation on Rugged Landscapes. *Management Science*, 1997, 43(7).

② Gavetti G, Levinthal D E. Looking Forward and Looking Backward: Cognitive and Experiential Search. *Administrative Science Quarterly*, 2000, 45(1).

活动,如企业中研发部门从事探索性活动,制造部门从事利用性的活动,两部分的分工合作构成了双重性;后者是指在时间维度上组织在前一段时间从事一类活动,在后一段时间从事另一类活动,两部分的分工整合形成跨时段的均衡关系。

正如综述部分指出的,目前的研究大多聚焦于双重性方案,关于该方案的定性与定量研究也较为成熟。同时,由于本书首先从行为角度研究探索式学习和利用式学习的问题,因此参照双重性方案的定义,本书将探索式学习和利用式学习的空间平衡方案称之为双重学习(ambidextrous learning),包括企业和集群两个层次的双重学习,企业的双重学习是指企业同时进行探索式学习和利用式学习;相应的,集群的双重学习是指集群同时进行探索式学习和利用式学习。

由于双重性具有渗透性,本书进一步将双重性假设从组织的学习行为向内延伸到所嵌入的结构层次,向外延伸到所带来的创新结果,并在集群层次上提出结构双重性和创新双重性的概念。结构双重性是指集群中企业外部网络结构的关系维度上,集群同时构建和加强集群内部连接关系和外部连接关系,分别促进集群的利用式学习和探索式学习;创新双重性是指集群同时追求增量创新绩效(cremental innovative performance)和突破式创新绩效(radical innovative performance)。

2.1.3 集群创新的相关概念

2.1.3.1 企业和集群创新绩效的定义

本书将创新作为结构和学习行为所带来的结果,即创新绩效(innovative performance),综述部分已经指出,这一处理方式与潘罗斯对成长概念的理解相类似,同时也符合产业组织理论中的SCP范式,即"结构(structure)—行为(conduct)—绩效(performance)"的作用机理,在本书中这一机理可以表述为:企业网络影响企业的学习行为,并通过企业的学习行为进而影响企业和集群的创新绩效。由于企业是创新的主体,企业层次的创新决定集群的创新,因此,本书对集群创新绩效的衡量完全依赖于企业的创新绩效分布。

本书中企业创新绩效由"企业的新产品和新服务得到了客户的认可""企业的竞争优势建立在技术之上""与竞争对手相比,企业盈利水平很好"等指标所构成的因子结构来衡量。在此基础上,根据创新双重性,本书将企业的创新绩效加以分解,区分为增量创新绩效和突破式创新绩效。根据相关研究,增量创新绩效由"企业拥有多项实用新型专利""企业的产品有明显的成本优势""企业的产品质量得到客户认可"等衡量,突破式创新绩效由"企业拥有多项发明专利""企业经常推出新产品和新服务""企业的新产品具有很好的成长率"等衡量。

2.1.3.2　集群成长的定义及其与集群创新概念的区别与联系

潘罗斯指出,"成长"(growth)在一般文献中有两个不同的概念,有时仅指数量的增加,比如产出、出口、销售的"成长",然而,在另一些时候是作为它最初的意义来使用,表示作为发展过程结果的规模增长或质量提高,这类似于自然生物的成长过程,在其中,内部变化的一系列相互作用带来了规模的增长,并伴随着成长目标的改变。可见,成长一方面表现为作为结果的数量、规模上的增加,另一方面这种数量、规模上的增加不仅是量的改变,而且可能是其内部学习适应过程及其组织结构调整所带来的创新结果和绩效,伴随着学习行为以及组织结构的更为根本的变化。因此,学者们认为,将这两个方面结合起来才能够更为全面地理解成长概念。① 据此,前文已经指出,集群创新和成长这两个概念都可以按照这一理解加以分解,本书认为集群的创新和成长都是内部变化所导致的结果,将学习行为及其组织结构的调整作为创新和集群成长内在的原因。

在此基础上,本书认为,集群创新和集群成长是两个既相互区别又有联系的概念。两者的区别在于,集群成长强调的是时间维度上集群自小到大、由弱到强的过程,往往要经历多个不同的发展阶段;与其相比,集群创新强调的是集群在某个时间点上通过创新以适应环境。同时,集群成长与集群创新又紧密相关,在集群成长的每个阶段,都要依赖集群的增量创新活动进行成功的竞争以实现集群的生存和发展的延续性,而在集群成长不同阶段过渡时,又要依赖集群的突破式创新以适应新的环境,相应的使集群的结构和行为实现质的飞跃。就是说,集群成长是通过集群创新得以实现的。

2.2 本书理论基础

2.2.1 企业网络与创新绩效关系的研究

大量的案例研究表明,企业网络的结构影响集群整体的创新绩效。如 Harrison 对意大利普拉托产业区的研究表明,仅依赖于小企业协作网络的集群虽然能够迅速消化吸收知识,实现增量创新,但缺乏试验和探索新知识的能力,不能推动集群的持续发展。Saxenian 对美国马塞诸塞州 128 号公路的研究同样表明,仅依赖于大企业自身的力量虽然能够在短期内取得快速发展,但从长期来看这些大企业容易故步自封,集群缺乏持续创新的动力。

---

① Andriopoulos C, Lewis W. Exploitation-Exploration Tensions and Organizational Ambidexterity: Managing Paradoxes of Innovation. *Organization Science*, 2008, Articles in Advance: 1—22.

学者们经常将美国硅谷的发展作为持续创新的典范,并将硅谷的发展与其特有的企业网络联系在一起。硅谷网络的典型特征在于具有大、中、小企业的层次结构,在企业之间构建模块化生产网络进行知识共享。可见,硅谷的持续创新和发展很可能源于不同类型企业间的相互作用。

对企业网络的研究主要关注网络的特征对企业绩效的影响,包括关系维度和结构维度两个方面。在关系维度方面,Ahuja 实证研究了医药行业大型企业间直接关系、间接关系和结构洞(企业的伙伴之间没有建立连接关系)与企业的创新绩效之间的关系,发现直接关系、间接关系与创新绩效正相关,但两者的作用相互抑制,而结构洞与创新绩效负相关。1998 年边燕杰和丘海雄对广州 188 家企业进行研究后发现,包括企业与政府部门的纵向关系、企业与不同行业企业的横向关系和企业的社会联系在内的社会资本对企业绩效有显著的正向影响。孙俊华和陈传明的最新实证研究则表明,随着我国市场化改革的发展,企业家的纵向关系和政治身份对企业短期绩效有显著的负面影响,企业家横向关系对企业绩效具有显著影响,而企业家的声誉对企业绩效有促进作用。姜翰和金占明对国内运动用品制造业企业的实证研究表明,企业间关系的作用不局限于企业自身,企业关系强度与关系本身的价值有显著的正相关关系。类似地,刘学等人的实证研究发现,企业间关系治理通过促进信任进而提升企业间联盟的绩效。

除关系维度之外,研究者进一步考虑了在企业网络中的位置、企业网络的构造和规模等结构维度对企业创新绩效的影响,如 Tsai 和 Ghoshal 针对企业内各部门间关系网络进行实证研究发现,社会资本的关系和结构维度通过资源交换与整合的中介作用提升产品创新绩效。Tsai 进一步研究了网络中心性与吸收能力对企业子单元的产品创新和投资回报的绩效的影响,发现占据网络中心位置的子单元有更好的产品创新绩效,但没有取得更好的投资回报绩效,而网络位置和吸收能力的交互作用显著地提升了产品创新和投资回报两方面的绩效。Regans 和 McEvily 则聚焦于非正式网络结构对知识传播的影响,其实证研究结果表明,研发企业内员工间非正式关系的凝聚力和员工与不同知识源建立关系的网络范围都有利于个体间的知识传播。

可见,关于企业网络对组织绩效作用的研究已相当丰富。此类研究有两个特点,一是尽管关于企业网络与集群整体创新绩效的作用关系的研究已有一定基础,但其中定量研究相对缺乏,且企业网络的研究大多集中于企业网络与企业绩效的作用关系,研究也较为成熟,因此本书在企业网络与集群创新绩效的作用关系研究中将应用企业网络与企业绩效作用关系研究的成果,进而研究企业间的协同作用对集群整体创新绩效的影响;二是在这些研究中,内在的知识转移和学习适应过程往往被作为黑箱处理,使得企业网络和组织绩效之间的因果关系研究降格为相关性研究,这一研究差距就为本书的企业网络与集群创新的关系研究指明了方向,要求将学习和适应过程作为这种影响的内在作用变量加以考虑。

2.2.2 探索式和利用式学习行为与创新绩效关系的研究

近期关于战略管理方面的文献聚焦于探索式和利用式学习或探索式和利用式创新对企业绩效影响的实证研究,如 He 和 Wong 首先通过实证方法研究了探索式和利用式创新对企业绩效的影响,通过对 206 家制造企业的研究发现,探索式创新和利用式创新之间的交互作用促进了销售成长,而两者的相对不平衡则与销售成长率负相关。近年来国内也涌现出一系列的相关研究,如于海波等对全国 110 家企业的研究表明,探索式和利用式学习行为对企业的财务绩效都有显著的积极影响,并且存在着显著的交互作用。李忆和司有和针对 397 家国内企业进行了实证研究,他们认为探索式创新和利用式创新对企业的竞争和盈利能力等绩效都有直接的正向影响,而环境竞争性和企业战略在其中起调节作用。而朱朝晖和陈劲[①]对大中型企业的实证研究不仅支持了探索式学习和利用式学习对创新绩效有共同促进作用的假设,而且表明,在企业的不同技术创新阶段两类学习方式的关系具有动态演化特征。

可见,关于探索式和利用式学习行为与创新绩效的研究为本书研究提供的新的思路,当然,在这项研究中,一方面仍停留在企业层次,还没有涉及探索式和利用式学习行为对更高组织层次绩效的作用;另一方面,学习行为或创新活动所嵌入的网络结构的作用在此项研究中还没有被考虑到。本书将对这些研究的不足之处进行进一步的完善。

2.2.3 企业网络与探索式和利用式学习关系的研究

近期的相关研究开始关注网络关系对探索式和利用式学习行为或探索式和利用式创新的影响,如 Uzzi 和 Lancaster 的实证研究发现,嵌入性关系和市场关系都能促进利用式学习,但只有嵌入性关系会促进探索式学习。Tiwana 对企业间联盟关系及其关系绩效的实证研究发现,强关系以及强关系与桥关系的交互作用都有利于知识整合,进而提升企业的双重性绩效。蔡宁和潘松挺对海正药业案例的研究表明,弱关系有利于探索式创新,强关系有利于利用式创新,且关系强度与技术创新模式之间存在协同演化关系。该项研究主要聚焦于关系强度对探索式和利用式学习行为的影响。根据上述研究,企业网络与探索式和利用式学习行为的作用关系的研究仍较少,且这种影响的绩效意义还没有得到清晰的阐述和验证。

---

① 朱朝晖,陈劲:《探索性学习及挖掘性学习及其平衡研究》,《外国经济与管理》,2007 年第 10 期。

2.2.4 企业网络、学习行为与创新绩效关系的研究

由以上文献可见,学者们对企业网络、探索式和利用式学习行为以及创新绩效间的两两关系都有研究,在此基础上,已有学者开始了对于探索式和利用式学习行为或知识共享在企业网络和创新绩效间的中介作用的研究,如 Gibson 和 Birkinshaw 的实证研究结果表明,在企业的背景(包括正式的绩效管理和非正式的社会支持)与企业绩效之间,探索式和利用式学习行为起着中介作用,但该项研究还没有进一步深入到结构层次;沿着这一思路,Im 和 Rai 研究发现,在物流企业的客户关系中探索式和利用式知识共享会提升关系绩效,而组织设计和 IT 设计有利于探索式和利用式知识共享;蒋春燕和赵曙明的实证研究则发现,探索式和利用式学习在企业家精神和社会资本与新产品绩效和财务绩效之间起着中介作用,他们还提出要发挥社会资本的作用必须要处理好探索式学习和利用式学习的关系。

可见,关于企业网络、探索式和利用式学习行为及创新绩效内在作用关系的研究虽然还不具备系统性,但也已有了相当的基础。该项研究有利于融合社会网络和战略管理两方面的工作,既将社会网络纳入到提升企业绩效的战略环节,赋予了社会网络明确的绩效意义,又能够拓展双重学习的研究空间。

2.2.5 集群的基本类型

2.2.5.1 集群分类的研究

对集群类型的辨识和认知直接关系到集群发展模式和方向的选择。基于大量集群的企业特点、企业间关系以及成长路径的比较案例研究,人们对于基本的集群模式有了一定的认知,但由于所涉及的因素复杂多样,目前对于产业集群的分类还存在许多争论。学者们往往根据研究的需要从不同的角度来定义集群类

型,如 Christian H M Ketels[①] 从产业特征出发将产业集群分为地方产业集群(local industries)、自然资源依赖型产业集群(natural resource dependent industries)、贸易产业集群(traded industries)。Shahid Yusuf 则将产业集群分为生产型产业集群和服务型产业集群。金碚将产业集群分为传统产业集群、高技术产业集群和资本技术相结合的产业集群。Markusen 则从网络结构出发界定集群类型。此外,还有学者从集群的生成方式出发进行分类,如冯德显将产业集群分为内生型产业集群和外生型产业集群。

在对拥有发达中小企业协作网络的意大利产业集群研究的基础上,马库森强调大企业和区外联系的在区域发展中的重要性,并据此区分了四种典型的产业区类型:① 马歇尔式产业区,意大利式产业区为其变体形式;② 轮轴式产业区,其地域结构特点是产业区围绕一种或几种工业的一个或多个主要企业而形成;③ 卫星平台式产业区,主要由跨国公司的分支工厂组成;④ 国家力量依赖型产业区。与马库森不同,Saxenian 考虑了美国马塞诸塞州 128 号公路的集群模式,该地特点在于大公司云集,但公司之间缺乏联系,应该说该模式这与意大利产业区模式构成了对立面。

本书认为,美国硅谷也有多个大企业,联系着区内众多中、小企业,大企业还是主要的外部连接者。因此硅谷与轮轴式产业区应该更为接近,而与意大利产业区和 128 号公路这两种极端的典型模式相比,硅谷应是比轮轴式产业区更为典型的中间组织形态。

---

① Markusen A. Sticky Places in Slippery Space: A Typology of Industrial Districts. *Economic Geography*, 1996, 72(3).

2.2.5.2　典型的集群类型及其特征

根据以上集群分类的研究,本书认为,从企业特征、企业间关系、与区外企业的关系以及成长特征来说,128 号公路、意大利产业区和硅谷是三种具有代表性的较为典型的产业集群模式,如表2-1 所示。这三类产业集群模式是本书研究的重要经验来源,其集群特征如下。

表 2-1　三类较为典型的产业集群模式

要素	美国 128 号公路	意大利普拉托产业区	美国硅谷
企业	多个垂直一体化大企业支配;规模经济高	小的地方性企业支配;规模经济低	多个大企业,中、小供应商在外围
集群内部企业间关系	大企业之间联系较少;大企业和小供应商之间有长期的合同和契约	供应商和买方之间是重要的区内贸易;地方供应商和买方之间有长期的合同和承诺	大企业与中、小供应商之间区内贸易较为显著;企业间形成了模块化的生产网络
与集群外部企业关系	与区外企业的合作与联系程度低	与区外企业的合作与联系程度低	企业特别是大企业与区外企业有经常的合作和联系
资本	大企业外部缺乏"有耐心的资本"	"有耐心的资本"在区内存在	区内大企业外部有一定的"有耐心的资本";风险投资活跃
技术	资金、技术集中于大企业内部	有专门的资金源泉、专业技术,区内企业外部的商业服务存在	有专门化的资金资源、专业技术、商业、会计和法律服务
劳动力	区内劳动力市场不发达,需从区外迁入劳动力;大企业间缺乏人员流动	劳动力市场在产业区内,劳动力的迁入比率低;卖方和供应商之间、竞争企业之间人员变动发生率高	区内外劳动力市场是联系在一起的,劳动力的迁入与迁出频繁;企业之间经常有人员流动

要素	美国 128 号公路	意大利普拉托产业区	美国硅谷
社会资本	员工对企业而不是对区域承诺	员工对区域而不是对企业承诺	企业和产业区都鼓励员工创新,进化成开放、宽容的地方文化
发展过程	前期快速增长,但后期竞争力难以维持,在外部竞争面前陷入衰退	前期增长迅速,但后期因无序竞争而陷入停滞和解体	保持了持续的创新和持久的竞争力

资料来源:在 Saxenian(1994)、Markusen(1996)和王缉慈等(2001)的研究基础上整理而得。

(1) 美国 128 号公路产业集群的特征

美国 128 号公路的特点在于,集中了一批从事大范围产品生产的"自给自足"的大公司,经济联系高度集中于这些大企业内部,而企业外部资本、技术和劳动力市场都不发达。20 世纪六七十年代,这一地区快速成长,领先于硅谷成长为半导体行业的先驱,但由于企业内部成长的局限性,"投资于特定设备和技能的企业发现正被锁定在过时的技术和市场,它们自给自足的结构限制了它们随时代变化而适应的能力。"①该地区从 20 世纪 80 年代开始不断衰退。

(2) 意大利普拉托产业区的特征

与 128 号公路相反,意大利北部的普拉托产业区的特点在于产业区内不存在具有统治地位的大企业,大量规模很小的企业占据了绝对支配的地位,每个企业从事非常狭窄的专业化生产,企业之间的关系受到高强度的家族关系的影响。该地区中小企业协作网络形成于 20 世纪 50 年代中期的大企业垂直分离过程中,高强度的家族关系为成长提供资金和技术支持,推动了新企业的

---

① Pouder R, St. John C H. Hot Spots and Blind Spots: Geographical Clusters of Firms and Innovation. *Academy of Management Journal*, 1996, 21(4).

大量衍生和产业集群的迅速成长。但随着企业数量的不断增加和分工的不断细化,产业集群逐步陷入了生产过程过度分离和无序恶性竞争的困境,在经历了 20 世纪六七十年代的繁荣后,普拉托产业区的成长逐步停滞。

(3) 美国硅谷的特征

在美国硅谷中,以英特尔、惠普等为代表的大企业与中小企业构建有模块化的生产网络,同时这些大企业与国内和国际经济网络建立了广泛的连接,掌握着市场方面的最新信息,由此形成了大中小企业分工协作并具有开放性的企业网络,能够迅速进行知识更新,促进了硅谷的持续创新。

综上所述,集群创新绩效的生成路径研究已有相当的研究基础。而随着研究的不断深入,尽管大多限于企业层面,但关于创新背后的学习过程及其组织结构的研究也已经逐步涌现,并且大量的案例分析为在集群层面上进行这项研究提供了支持。据此,本书将在集群层面上研究企业内外部网络、探索式和利用式学习行为以及企业和集群创新绩效之间的关系,并在此基础上研究集群成长过程中的企业网络的演化机制,以揭示集群创新和成长的动力来源和机制,弥补相关研究的不足。

3 企业内部网络、双重学习与创新绩效的作用关系研究

  企业的创新是企业为了解决与环境相互作用过程中出现的技术、组织等问题以适应环境而取得的成果。由于环境具有变化的特征,企业不仅要能够在已有技术轨道上进行增量创新以适应当前环境需要,又要能够进行脱离已有技术轨道的突破式创新以适应未来环境可能的变化。创新背后优化问题解决方案的搜索和学习及其组织将会影响企业的创新,而企业内部个体间的知识交流与整合又是组织知识搜索和学习的重要方式,[①]因此,本章将聚焦于企业内个体间知识交流和学习及其组织结构对企业创新绩效的影响。

  探索式学习和利用式学习是企业进行组织学习的重要维度,利用式学习有利于渐进式的增量创新,探索式学习有利于激进式的创新突破。大量的理论和经验研究都表明,单纯依赖本地搜索的利用式学习或更大范围搜索的探索式学习都存在陷阱和路径锁定效应,企业的持续创新和发展依赖于两类学习行为的平衡,其中一个方案是同时进行这两类学习,也称为双重学习。而如何促进双重学习是一项重要的管理挑战。一方面,关于背景双重性的研究认为,企业可以通过正式组织关系同时促进探索式学习和利用式学习。另一方面,学者们明确提出,在企业正式的组织关系之外,存在其他目的的社会关系网络(如建议者网络),这些非

---

① Uzzi, Spiro. Collaboration and Creativity: The Small World Problem. *American Journal of Sociology*, 2005,111 (2).

A Study of Cluster Innovation Based on Eterprises Network

正式关系网络对组织运作有着重要的影响。社会网络研究进一步认为,嵌入个体间互动网络中的社会资本影响知识的交流与整合,比如关系强度、关系质量、网络构造等影响知识整合与交流的内容和过程。[①]

但以往的许多研究有的将企业内正式组织关系和非正式社会关系简化为同一结构,把两者看成是完全相互嵌入的关系,有的则仅讨论其中的一个方面,与企业的运作实践相比,前者是"过度嵌入"的表现,而后者则是"嵌入不足"的表现。针对这一研究现状,本章拟考察企业内正式组织关系和非正式社会关系的相互作用及其对企业双重学习行为和企业创新绩效的影响,并以 197 家产业集群企业的数据来验证理论模型,以弥补相关研究的不足。

3.1 理论假设

3.1.1 企业双重学习及其与创新绩效的关系

3.1.1.1 探索式学习和利用式学习的关系

March 从组织学习的角度指出,探索和利用的矛盾是组织的一项基本矛盾。Ardriopoulos 和 Lewis 将探索和利用的矛盾在组织中不同层次的参透性总结为以下几点:① 宏观层面上围绕战略发展方向的赢利与突破的矛盾;② 中观层面上围绕客户导向的紧密耦合与松散耦合组织结构的矛盾;③ 微观层面上围绕员工纪律与热情的矛盾。与 March 提出探索和利用的背景一致,本章从组织学习角度研究探索式学习和利用式学习的问题。探索式学习和利用式学习的关系会影响到企业的持续发展,是组织学习的重要维度。探索式学习是通过搜索和试验拓展新知识,有

---

① Krackhardt D. The Strength of Strong Ties: the Importance of Philos in Organizations. In *Networks and Organizations: Structure, Form, and Action*, edited by Nohria N and Eccles R G. Harvard University Press, 1992.

利于激进式的质的创新突破,而利用式学习是对已有知识和能力的精炼和挖掘,有利于渐进式的增量创新。

两类学习方式存在着以下几种冲突:① 争夺稀缺的组织资源;② 这些活动本质上是自我强化的,会引起成功陷阱或失败陷阱;③ 要求不同的程序和认知规划。但两者又存在相互交织、相互补充的关系。排除利用式学习的探索式组织很可能发现自己不能得到试验的诸多利益,反而遭遇到试验成本的困难,反之,排除探索式学习的组织很可能发现自己陷入到次优的稳定均衡之中。Cohen 进一步提出,个体和组织对新知识的"吸收能力"是其已有知识的函数,说明利用式学习是探索式学习得以持续的前提条件。众多研究表明,探索式学习和利用式学习相互交织在一起,组织在学习新知识的过程中一方面要依赖探索式学习获取新知识,另一方面要依赖利用式学习消化吸收新知识。可见,利用式学习和探索式学习之间存在着既冲突又互补的张力。

3.1.1.2　探索式学习和利用式学习的整合方案

由于探索式学习和利用式学习具有既冲突又互补的关系,企业如果不能管理好两者的关系,就会导致企业在各个组织层面的紧张,引起组织单元行为上的"防卫性反应",阻碍各层次组织单元进行双重学习和企业各项能力的发展以及创新绩效的提升。整合利用式学习和探索式学习的方案就是时空分离。在空间上的分离有以下几种形式:生产和研发分离,前者进行利用式学习,后者进行探索式学习;将新业务发展置于分离的单元中或者建立自治的业务单元,保证每个单元整合到特定的任务环境中;衍生新企业将两种学习进行分离,企业在利用式或探索式学习方面专业化,并搜寻另一方面有专长的企业,通过两者的分工协作实现平衡,称之为学习双重性或双重学习。时间上的分离是指企业在利用式学习和探索式学习之间进行周期性转换,例如组织一天集中于一个任务,接着集中于另一个任务,并通过两部分的分工协作实现平衡,称之为跨时段均衡方案。研究者认为,跨时段均衡方案是有代价的,时空分离必然要增加协调的成本,易于分裂和形成等级,导致结构的对立和震荡。因此本书聚焦于双重学习方案。

正如很多学者提出的,解决矛盾和张力的最好的方法是"超越":将对立面理解为相互补充和相互交织,这一原则同样适用于探索式学习和利用式学习之间的矛盾和张力。研究者正是在解决探索式学习和利用式学习张力的思考中开始关注到双重学习方案。双重学习的概念来源于双重性的概念,双重性泛指同时追求不同的事物的能力。根据探索和利用在组织中的渗透性特征,Gibson 和 Birkinshaw 认为,双重性本质上是一个多维构造,当双重性实现的时候,每个个体能够将价值传递给所在功能区域的客户,但同时每个个体也能够监察到任务环境中的变化,并采取相应的行动,即尽管双重性是整个组织的特点,但它仍体现在组织中个人的特定行动中;他们还提出,双重性可以看成是渗透于所有功能和层次的元能力,而不是形成"二元结构"。在双重性的背景下,双重学习更为具体地指通过引导组织及其成员同时进行探索式学习和利用式学习的能力,这些组织层次从微观到宏观分别包括个体、团队、部门、企业等。与时空分离的处理办法不同的是,平衡探索式学习和利用式学习最好不是通过结构、任务或时间分离,而是鼓励个人对如何最好地在两类学习之间划分时间以实现组织的持续创新和发展。[1]

3.1.1.3 探索式学习和利用式学习对创新绩效的作用

双重学习更加有助于提升组织持续创新的绩效,而探索式学习可以减少市场和技术变化的不确定性,锁定在次优技术上的风险,增加创造潜力和吸收能力,[2]并且能提高组织的长期创新绩

---

[1]　王缉慈等:《创新的空间——企业集群与区域发展》,北京大学出版社,2001 年。

[2]　Sturgeon T. What Really goes on in Silicon Valley? Spatial Clustering and Dispersal in Modular Production Networks. *Journal of Economic Geography*, 2003, 3(4).

效。而利用式学习可以提高对瓶颈和新机会的认知,提高执行习惯性任务的能力,并且能提高组织的短期创新绩效。这点从企业的内部学习和外部学习中都已得到了经验证明。如作为丰田和通用的合资企业的新联合汽车制造公司,建立了双重性管理系统并应用于内部组织和长期供应商,这一系统建立的准程序从以往问题中学习,提高程序性和非程序性任务,同时该系统建立了理解市场变化并通过创新改变现状的交流平台。UPS 和 Toshiba 两公司之间分享知识以协调全球供应链运作和使货物运输流水线化,同时又分享知识以发展创造性的解决方案。不仅在这些案例研究中,定量研究也得到了同样的结论。

有效管理双重学习要求进一步探究企业进行组织学习的手段、方式和机制。本书认为,企业各层次的组织单元既利用正式的组织关系又利用非正式的社会网络关系来进行双重学习,正式关系和非正式关系是企业组织学习的重要机制和手段,两者的协同有助于打破组织学习的认知和组织结构的各种障碍,促进各层次组织单元不同专业技术和知识的交流与整合,既有利于利用式学习,又有利于探索式学习,因而推动企业各项能力的提升和组织绩效的改善。在技术快速变化、竞争激烈的今天,处理好利用式学习和探索式学习的关系,对企业的生存和发展变得更为重要。双重学习管理能力强的组织能够达到探索式学习和利用式学习相互促进,既擅长推动渐进式的增量创新,又擅长促进激进式的质的创新,使得企业既能满足当前的需要,又能适应环境的变化。根据以上讨论,本章提出如下假设:

H3-1a:探索式学习与利用式学习正相关。

H3-1b:探索式学习与企业创新绩效正相关。

H3-1c:利用式学习与企业创新绩效正相关。

3.1.2 企业内部非正式关系对学习行为的作用

本章提及的非正式关系指的是企业在正式的组织关系之外

的其他社会交往中形成的关系。在企业中,探索式学习和利用式
学习的共同本质是人与人之间的知识交流与整合。一方面,知识
的交流与整合是企业进行知识搜索以解决技术、组织、市场、业务
等相关问题,并在与环境互动过程中获得生存和发展的重要方
式;另一方面,知识的交流与整合还存在一个反馈环路,人际交流
与整合的历史和结构反过来影响到接下来的学习,即学习行为受
到交往历史所形成的社会资本的影响。社会资本是指对个人或
群体有用的良好愿望,它来源于行动者社会关系的结构和内容,
它的作用来源于对行动者有用的信息、影响和团结。社会资本可
加以动员以利于知识的学习和交流。

3.1.2.1 社会网络与组织学习的作用机理

社会资本通过作用于关系网络所提供的知识整合与交流的
机会、个体进行整合与交流的动机与能力来影响学习行为,其作
用过程和机理如图 3-1 所示。关于社会资本的研究大多集中于
关系网络所提供的机会和约束,并在总体上区分为认知、关系和
结构三个维度:① 基于共同语言和共享叙述的认知嵌入有利于
认知距离的缩短和知识的整合与交流;② 个体或组织单元要根
据以往的合作经验来开展合作,比如在选择合作对象时要考虑其
能力和可信度,个体或组织单元的关系嵌入所提供的社会资本如

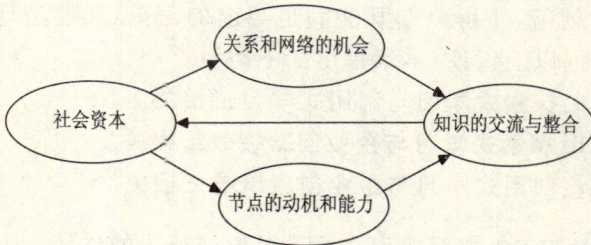

图 3-1　社会资本与组织学习的关系

情感、友谊、信任都会影响到学习行为；③ 学习行为同时还受到以个体或组织单元为节点的网络构造的影响，个体或组织单元在网络结构中的位置以及整体网络特点如连通性、稠密性、集中性等均会影响学习行为。

学者们进一步指出，社会资本还影响作为网络节点的个体或组织单元进行知识整合与交流的动机和能力。① Portes 认为，社会资本作用发挥的必要条件是双方合作的意愿或动机，并将合作动机的来源分为两类：一是利他的，通过幼年的教育或之后与他人的共享经历而内化于个体节点之中的共同的社会规范，而不仅仅是上述的互动网络；二是工具性的，同样基于社会规范，但给予了理性计算更大的空间，可以是在互动过程中产生，也可以由更大社区强加在交往双方的"强迫性信任"。受到经济学理性模型的影响，社会资本研究往往假设个体和集体行动者是由工具性动机驱动的，如追求职业成功、击败竞争对手、减少交易成本等。而实际上在很多情况下，社会资本也会受到较少工具性的基于共享规范的义务和承诺所激发，比如一般性的互惠规范。

而研究者们对于节点的能力是否构成社会资本的来源这一问题仍有很多争论。为突出社会资本与人力资本、物质资本等的差异，许多学者不主张将能力纳入到社会资本的范畴。但从知识整合与交流的历史对进一步的整合与交流的影响、从知识具有累积性特征以及组织智力资本发展的角度来看，能力是社会资本发生作用的必要条件和重要来源。人们在感知、表达、解释和评价等方面存在的认知差距，即使行动者拥有知识整合与交流的机会以及动机，但如果交流双方缺乏交流的共同经历以及交流的能力，仍无法突破个体之间认知距离的障碍，也就无法获得社会资本所提供的利益。

---

① Fleming L. Recombinant Uncertainty in Technological Search. *Management Science*, 2001, 47(6).

　　根据结构影响能力的结构主义观点,本书认为,关系网络的特征与节点的动机和能力应该具有相关性,在企业中,具有较高交往强度以及信任关系的组织单元之间往往不仅具有进一步交流的动机,并且由于共同的经历和交往经验,也具备进一步交流的能力。因此,本书集中研究作为社会资本的关系网络的特征为组织学习行为提供的机会与约束。

3.1.2.2　关系强度和质量对双重学习的作用

　　Cross 等指出,企业的核心能力通常是跨职能或跨部门边界的人际协作的产物,[1]因此本书将非正式关系的研究对象确定为企业中研发、生产、销售等部门间人际交往的关系网络,并聚焦于社会资本的关系维度对知识交流和整合等学习行为的影响,包括关系强度和关系质量两个方面。

　　(1)关系强度的作用

　　关于关系强度对组织学习的作用,学术界仍然存在争论,一方面部分学者基于强弱关系的不同功能,即强关系有利于资源、知识共享以及合作解决问题,而弱关系有利于传递新颖信息,提出强关系更适合利用式学习,而弱关系适用于探索式学习。另一方面也有学者指出,由于探索式学习的不确定性,需要更高强度的关系以保证探索式学习的持续投入。与这两类观点不同,本章认为企业对关系强度的投入依赖于其学习策略,需要考虑探索式学习和利用式学习的平衡。一方面企业需要投入一定的强度挖掘已有知识以满足当前的需要,另一方面应保持探索和试验的投入拓展新知识以适应未来可能的变化。据此,本研究提出如下假设:

H3-2a:关系强度与利用式学习正相关。

H3-2b:关系强度与探索式学习正相关。

---

① 钟书华:《创新集群:概念、特征及理论意义》,《科学学研究》,2008 年第 1 期。

（2）关系质量的作用

信任或质量是关系的另一个重要维度，一般以信任作为关系质量的衡量标准。[①] 信任的本质是交往双方相互敞开心扉，个体的"防卫性反应"是缺乏信任的表现之一。信任有助于突破知识的交流与组织学习的各种障碍，是知识交流与整合的必要条件之一。信任影响关系绩效，[②]理论和实证研究表明，信任甚至可能是关系强度发挥作用的中介变量。[③] 正如现代社会中尽管家庭生活只占据许多人所有时间的一小部分，即强度很低，但仍维持着非常高的信任水平，进而影响到个体的行为。可见，强度不能构成关系作用发挥的充要条件，必须同时考虑关系质量对知识交流与整合的影响。与关系强度的作用假设相一致，本研究提出如下假设：

H3-2c：关系质量与利用式学习正相关。

H3-2d：关系质量与探索式学习正相关。

3.1.3 企业内部正式关系对非正式关系以及学习行为的作用

虽然社会资本有利于学习，但并不是必然有利于双重学习，具有丰富社会资本的组织仍有可能陷入单纯依赖某一学习行为的次优均衡中。实际上，如果组织的社会资本过度发达，组织可能倾向于非正式化，不利于组织目标的实现和组织绩效的提高。因此正式的组织关系是进行双重学习的必要条件。Adler 和

---

① Cooke P. Evolution of Regional Innovation Systems: Emergence, Theory, Challenge for Action. In Cooke P, et al. (Eds.), *Regional Innovation Systems*, znd ed. Routledge, London, 2004.

② Isaksen A. Regional Clusters Building on Local and Non-Local Relationships: A European Comparison. In: Lagendijk A, Oinas P (Eds.), *Proximity, Distance and Diversity: Issues on Economic Interaction and Local Development*. Ashgate, Aldershot, 2005.

③ Hendry C, Brown J and Defillip R. Regional Clustering of High Technology-based Firms: Opto-electronics in Three Countries. *Regional Studies*, 2000, 34 (2).

Kwon 提出,社会结构基本由三类关系构成:市场关系、层级关系和社会关系,如表 3-1 所示。这三类关系并不矛盾,在现实世界中,某一关系可能囊括了其中的一种、两种甚至是全部三种关系。一般认为,企业间的关系包括正式的市场关系和非正式的社会关系,而企业内部关系则被看做是正式的层级关系和非正式的社会关系的结合。

表 3-1　市场关系、层级关系和社会关系①

维度	市场关系	层级关系	社会关系
交易什么?	商品和服务(以获得金钱或货物)	顺从权威以获取物质和精神安全	帮助,馈赠
交易条件是专门的还是分散的?	专门的	分散的(雇佣协议一般没有具体化雇员的所有责任,仅规定雇员要服从命令。其他权威关系包含相似的服从命令和承诺,甚至是那些还没有确定的权威关系)	分散的(我对你今天的帮助的回报时间并不确定)
交易条件是否清楚?	清楚	清楚(雇佣契约在条款和条件上是清楚的,虽然并不具体。同样适用于其他类型的层级制关系)	隐性(今天对你的帮助隐含地理解为在某天将得到回报)
交易是否对等?	对等	不对等(层级制是一种控制方式)	对等(虽然时间既不具体也不清楚,但帮助最终会有回报)

3.1.3.1　正式关系的内容及其对学习行为的作用

本研究认为,企业不仅利用非正式的社会关系,而且利用正式的组织关系进行双重学习。正式的组织关系具有合法性,企业

---

① Adler, KWon. Social Capital: Prospects for A New Concept. *Academy of Management Review*, 2002,1(27).

往往明文规定在员工遇到问题时管理者有责任提供协调和帮助，并且通过计划、监督、控制和会议等正式的组织方式协调研发、生产、销售等不同部门之间的关系。因此，借助正式的组织关系进行双重学习在企业中是非常普遍的，正式的组织关系能够调节个体之间尤其是跨部门的知识交流和学习行为。关于组织双重性的研究表明，包括系统、过程、文化的正式组织背景有利于知识的交流与整合，不仅有利于企业利用式知识共享，而且有利于探索式知识共享。由于企业管理系统的组织设计和 IT 设计是构建正式组织关系的重要背景，为正式组织关系的形成创造了条件，有利于知识的交流与学习，因此本研究将其作为衡量正式关系的变量。据此，本研究提出如下假设：

H3-3a：企业组织设计与利用式学习正相关。

H3-3b：企业组织设计与探索式学习正相关。

H3-3c：企业 IT 设计与利用式学习正相关。

H3-3d：企业 IT 设计与探索式学习正相关。

3.1.3.2 正式关系对非正式关系的作用

（1）正式关系对非正式关系的促进作用

正式的组织关系不仅直接作用于学习行为，而且影响社会资本的发展。一方面，组织作为正式关系而被设置有利于社会资本的发展，这种作用可总结为以下四点：① 时间延续，正式的组织关系在时间延续性上的承诺为社会资本的发展创造了空间，从这个角度来看社会资本是嵌入在组织的时空背景之中的；② 相互依赖，组织所提供的关于期望和义务的关系有助于防止人们相互依赖性的降低；③ 社会交往，组织为交往与互动提供了可持续进行的背景；④ 稠密性，正式组织具有的稠密性特征有助于规范、认同、信任、语言、编码等社会资本的发展。可见，正式组织关系为认知、关系、结构等不同维度社会资本的发展创造了条件,社会资本可以被看成是正式组织关系的副产品。①

另一方面,正式的组织目标可以引导正式组织关系和非正式社会关系的协调发展。如果组织缺乏更高的目标,随着具有利用式学习特征的已有实践活动的日益熟练,社会资本将向脱离组织目标的方向发展,在正式组织结构之外形成非正式社会网络,增加组织的协调成本,引起分裂。因此,不仅要围绕组织的正式目标进行正式组织关系的绩效管理,而且要使正式目标获取非正式关系的支持,引导非正式关系的发展。Ghoshal 和 Bartlett 将正式关系和非正式关系的协同归纳为四个因素: ① 纪律。引导成员自愿迎合其对组织明确或不明确的承诺,通过建立行为的清晰标准、迅速反馈以及奖惩一贯性等来实现; ② 伸展性。引导成员自愿争取更具雄心的目标,通过建立共同的目标,发展集体认同以及使个体贡献集体目标等来实现; ③ 支持。引导成员帮助他人,通过允许行动者接近他人的资源,鼓励更低层次创造的自由,规定高级职员优先提供指导和帮助而不是执行权威等来实现;④ 信任。引导成员依赖他人承诺,通过组织公平的决策过程,决策相关个人的参与,根据员工能力安排职位等来实现。

(2) 正式关系对非正式关系的阻碍作用

正式的组织关系也有可能阻碍社会资本的发展。传统的正式组织关系结构往往是自上而下的知识利用的系统,并依据已有知识的分类采取部门化的方式进行运作,这种组织方式容易造成正式组织关系和非正式关系以及非正式关系网络的分裂,阻碍跨部门、跨层次的协作和社会资本的发展,进而影响工作质量、组织效率和创新,尤其是影响对未来环境可能变化的探索式学习行为和企业的长远发展。

---

① 邬爱其,贾生华:《企业成长机制理论研究综述》,《科研管理》,2007 年第 2 期。

（3）正式关系与非正式关系的协调

围绕双重学习和企业的长期发展，要求将企业内正式关系和非正式关系进行协调和整合，以促进知识的交流与整合，提高创新绩效，具体体现在如下 4 个方面：

第一，组织目标的制定应引导正式关系和非正式关系协调发展。非正式社会关系网络所围绕的目标可能与正式的组织目标并不完全一致，如果仅考虑某一个方面，正式的组织目标将难以获得非正式关系网络的社会支持，甚至在自上而下的正式组织关系和自下而上的非正式关系网络之间形成分裂的二元结构，以至于增加组织的协调成本。因此，组织目标的制定必须同时考虑这两个目标。

第二，组织结构的设计应促进社会资本的发展。首先，根据非正式社会网络的关系强度、质量和连接模式确定部门、区域等组织边界；其次，将非正式网络与传统的分析工具如生产流程图结合起来，进行过程设计和岗位设计；最后，应建立跨部门的联络机制，确保非正式网络的连通性。

第三，利用信息技术提高非正式关系网络的协作水平。借助信息技术促进组织学习在企业中得到广泛的认同和应用，信息技术不仅有利于突破地理空间的物质障碍，[1]而且有利于突破知识交流的语义、语法等语言障碍，不仅直接有利于进行利用式学习和探索式学习，而且能够促进非正式关系网络的发展。

第四，绩效评价和激励制度应有利于跨边界的非正式社会网络的发展。评价和激励不仅要重视个人的业绩，而且要鼓励个人的协作行为。

可见，企业中正式的管理系统与非正式的社会网络应进行协同和整合，共同促进企业的持续发展，其中作为正式组织关系基

---

① 　钟书华：《创新集群：概念、特征及理论意义》，《科学学研究》，2008 年第 1 期。

础的组织设计和 IT 设计应能够考虑非正式社会网络的特点并引导其发展。据此,本章提出如下假设:

H3-3e:企业组织设计与关系强度正相关。

H3-3f:企业组织设计与关系质量正相关。

H3-3g:企业 IT 设计与关系强度正相关。

H3-3h:企业 IT 设计与关系质量正相关。

根据以上一系列理论假设,本章提出变量间关系研究模型,如图 3-2 所示。

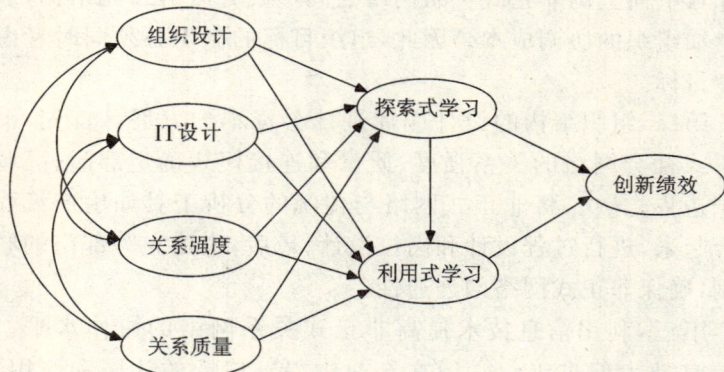

图 3-2　变量间关系研究模型

3.2　实证研究方法和分析过程

3.2.1　样本设置

本研究抽样对象为江苏省六合化工产业集群中的企业,主要分布在南京化工园、红山精细化工园、雄州工业园等园区。该集群有 70 多年的发展历史,是中国化工业的发源地,现有各类化工企业 542 家,占全省化工企业总数的 12%,2008 年集群销售收入共计 1 418 亿元,占全省化工业当年销售收入的 19%,不仅是江苏省化工业最重要的集聚地,同时也是全国化工生产的重要基地。

　　样本选取的原则为：① 企业规模在 300 人以上；② 成立 6 年以上；③ 经营范围相近。制定原则的原因在于，规模较大、成立时间较长的企业能够更好地管理正式关系和非正式关系以进行双重学习，具有创新和成长的持续性和稳健性。

　　调查方式有以下几种：① 预调查，作者同化工行业企业和相关机构包括政府主管部门工作人员、高校专家、企业主、经营管理人员等 14 人进行了面对面的深度访谈。② 通过电话确认可接受调查后上门调查；③ 通过邮寄的方式将问卷发放给企业，并通过电话确认；④ 为确保反馈率，在问卷发放两周后，致电剩余的未反馈者。

　　本研究共发放问卷 450 份，要求由企业的高层经营管理人员填写，以确保回答问卷者熟悉所提的相关问题。共回收问卷 275 份，其中有效问卷 236 份，有效回收率为 52.4%，扣除规模和成立年限不满足要求的问卷 39 份，共获得 197 份样本，其基本特征如表 3-2 所示。

表 3-2　样本的基本特征

特征	分类	样本数	百分比/%
企业规模	300～600 人	69	35.0
	600～1 200 人	63	32.0
	1 200～2 000 人	37	18.8
	2 000 人以上	28	14.2
经济性质	国有和集体	46	23.4
	私营	107	54.3
	股份合作	31	15.7
	外资及其他	13	6.6

续表

特征	分类	样本数	百分比/%
	6～14 年	75	38.0
成立年限	15～24 年	86	43.7
	25 年以上	36	18.3

3.2.2　变量的测量模型

本研究尽量采用现有文献已使用的成熟量表来衡量各个指标,并对量表进行适当的修改以适应本章的研究设计,如表 3-3 所示。衡量企业创新绩效的量表主要参考了 H Yli-Renko 等人和谢洪明等人关于知识利用和技术创新的量表。双重学习的量表参考自 Andriopoulos 和 Lewis 对双重性概念的最新发展和总结。关系强度和关系质量的量表改自 Tsai 和 Ghoshal 的测量方法。组织设计的量表参考了 Gibson 和 Birkinshaw 的量表;IT 设计的衡量参考了 Im 和 Rai 的最新量表。题项采用 Likert 七级量表来衡量。

表 3-3　变量的测量模型

潜变量	测量指标	问题描述	因子负荷
组织设计	V_1	企业各部门的分工非常明确	0.685
	V_2	企业的规章制度和运作流程非常合理	0.742
	V_3	企业的管理系统促进了部门间的合作	0.830
IT 设计	V_4	计算机、互联网和通信技术等在企业中广泛应用	0.896
	V_5	建立了共享的数据库和知识库	0.783
	V_6	建立了结构化或非结构化档案,如 PDF、多媒体档案	0.760

续表

潜变量	测量指标	问题描述	因子负荷
关系强度	V_7	部门间存在经常性的社会交往	0.838
	V_8	部门间关系紧密	0.900
	V_9	部门间相互了解	0.799
关系质量	V_{10}	各部门避免相互损害	0.769
	V_{11}	各部门相互信守承诺	0.795
	V_{12}	各部门相互信任	0.922
探索式学习	V_{13}	企业为实现长期发展而勇于冒险	0.746
	V_{14}	企业进行新的产品和工艺试验	0.845
	V_{15}	企业鼓励员工的创造活动	0.835
利用式学习	V_{16}	企业巩固已有市场确保收入稳定	0.954
	V_{17}	企业通过优化资源配置提高效率	0.694
	V_{18}	企业注重提高客户满意度	0.892
创新绩效	V_{19}	企业的新产品和新服务得到了客户的认可	0.859
	V_{20}	企业的竞争优势建立在技术之上	0.876
	V_{21}	与竞争对手相比,企业盈利水平很好	0.941

3.2.3　模型估计和评价

本书主要使用实证研究中的结构方程模型方法,结构方程模型(Structural Equation Modeling,SEM)是一种融合了因子分析和路径分析的多变量统计方法和技术,能够进行高质量的数据分析。同时,可以通过多个可直接观测变量来衡量无法直接观测的潜在变量(unobserved variable)或称为潜变量或隐变量(latent variable),从根本上提高了实证研究的精度。根据图3-2潜变量间关系的结构模型以及表3-3的测量模型,可得到总体的结构方程模型,如图 3-3 所示。基于以上样本,本书将运用 AMOS7.0 统计软件,采用最大似然法来估计模型参数和变量间关系。

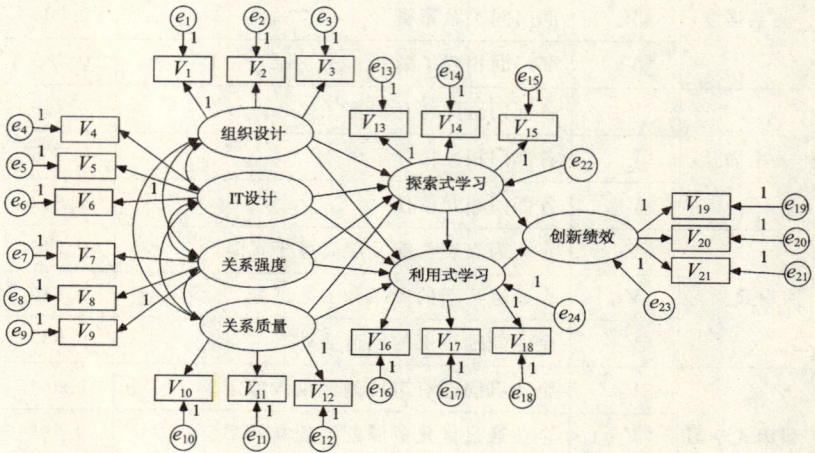

图 3-3 变量间关系总体模型

3.2.3.1 总体模型评价

通常判断总体模型拟合情况的指数有多个,主要以模型分析结果的卡方值除以自由度(χ^2/df),RMSEA,GFI,AGFI,NFI,CFI,IFI 等数值作为判别标准。一般来说,χ^2/df 小于 5 表示模型可以接受,小于 3 则表明模型拟合较好。GFI(拟合优度指数)考察观测变量的协方差矩阵与再生的协方差矩阵的匹配关系,其值域在 0 到 1 之间,越接近 1 说明模型拟合优度越高。类似地,一般要求其他的拟合指数 AGFI,NFI,CFI,IFI 大于 0.8,且越接近 1 说明模型拟合越好。通常认为,RMSEA 低于 0.08 表示拟合较好,低于 0.06 则表示模型拟合非常好。

模型的卡方和自由度分别为 $\chi^2 = 376.6$,$df = 177$,$P = 0.00$,

χ^2/df 为 2.1,表明模型拟合效果都较好;总体模型其他拟合指数如表 3-4 所示,统计量 $GFI,AGFI,NFI,RFI,IFI,TLI,CFI$ 基本都分别为大于 0.8 的可接受水平,并接近 1.0,拟合结果较好;统计量 $RMSEA$ 为 0.076(低于 0.08)的可接受水平,表明有一定的拟合优度。三类统计量的拟合情况表明,总体模型得到了样本的验证和支持,可以接受。[①]

表 3-4　模型的拟合度指数表

模型	GFI	AGFI	NFI	RFI	IFI	TLI	CFI	RMSEA
拟合指数	0.860	0.817	0.848	0.819	0.913	0.895	0.912	0.076

3.2.3.2　测量模型评价

Anderson 和 Gerbling 认为,对测量模型的评价是模型检验的必要步骤,一般包括内部一致性(internal consistency)、内敛效度(convergent validity)和判别效度(discriminant validity)三项检验。运用 SPSS16.0 软件采用一致性信度分析方法(reliability analysis)检验测量模型的信度,一般认为,当 Cronbach's α 值大于 0.7 时,说明项目中的各问题具有衡量相同构念的能力,但是通常大于 0.5 就可以接受。分析结果显示,潜变量的 Cronbach's α 值都在 0.75 以上(如表 3-5 所示),表明潜变量具有良好的内部一致性和较高的信度。验证性因子分析结果显示,标准化的因子负荷在 0.65 以上(大于 0.5 的最低临界水平,见表 3-3),表明衡量指标之间高度相关,潜变量具有较好的内敛效度。

---

① Kaplinsky, Morris. A Handbook for Value Chain Research. Prepared for the IDRC, 2001.

表 3-5　测量模型效度检验

潜变量	Cronbach's α 值	组织设计	关系质量	关系强度	IT设计	探索式学习	利用式学习	创新绩效
组织设计	0.79	0.76						
关系质量	0.87	0.068	0.83					
关系强度	0.88	0.010	0.016	0.85				
IT 设计	0.85	−0.022	0.100	0.173	0.82			
探索式学习	0.85	0.158	0.074	−0.183	0.075	0.82		
利用式学习	0.85	0.204	0.234	0.255	0.183	0.030	0.85	
创新绩效	0.92	0.071	0.073	0.059	0.059	0.087	0.292	0.89

各潜变量平均萃取变差 AVE（Average Variance Extracted）的平方根在 0.74 以上（见表 3-5，各潜变量 AVE 平方根在表中以划横线的数值表示），高于 0.707 的最低临界水平,[①]同样表明潜变量具有较高的内敛效度；且各潜变量 AVE 的平方根大于各变量间的相关系数,表明模型具有较好的判别效度。根据信度和效度检验结果，可以认为本研究的潜变量构造是合理的，测量模型具有很好的信度和效度。

3.2.4　研究结果和假设检验

根据以上模型评价结果，可以进一步验证本章的理论假设。结构方程模型中的潜变量间关系如图 3-4 和表 3-6 所示。

探索式学习对利用式学习的作用系数为 0.08，探索式学习和利用式学习对企业创新绩效的作用系数分别为 0.07 和 0.26，且 P 值都小于 0.05，支持了假设 H3-1a，H3-1b，H3-1c；同样，关系强度与利用式学习的作用系数为 0.20，关系质量与利用式学

---

① Tan Z A. Product Cycle Theory and Telecommunications Industry： Foreign Direct. Investment，Government Policy，and Indigenous Manufacturing in China. *Telecommunications Policy*，2002，26.

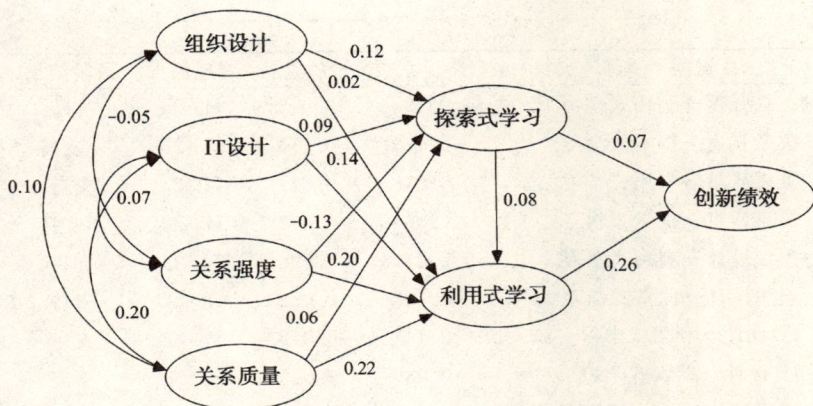

图 3-4 变量间关系拟合结果

习的作用系数为 0.22,组织设计与探索式学习和利用式学习的作用系数分别为 0.12 和 0.02,IT 设计与探索式学习和利用式学习的作用系数分别为 0.09 和 0.14,支持了假设 H3-2a,H3-2c,H3-3a,H3-3b,H3-3c 和 H3-3d;而 IT 设计与关系强度和关系质量显著正相关(系数分别为 0.07 和 0.20,$P>0.05$),支持了本章假设 H3-3g 和 H3-3h。

而关系强度对探索式学习的作用系数为负数(-0.13),且 P 值小于 0.05,没有支持假设 H3-2b;组织设计与关系强度负相关($-0.05,P>0.05$),假设 H3-3e 没有得到支持;关系质量与探索式学习、组织设计与关系质量关系的 P 值都大于 0.05,假设 H3-2d 和 H3-3f 也没有获得支持。

表 3-6 模型检验结果与假设验证

变量间的关系	路径系数	P 值	对应假设	检验结果
探索式学习→利用式学习	0.082	0.037	H3-1a	支持
利用式学习→创新绩效	0.264	0.043	H3-1b	支持
探索式学习→创新绩效	0.069	0.026	H3-1c	支持

续表

变量间的关系	路径系数	P 值	对应假设	检验结果
关系强度→利用式学习	0.198	0.015	H3-2a	支持
关系强度→探索式学习	−0.125	0.116	H3-2b	不支持
关系质量→利用式学习	0.218	0.022	H3-2c	支持
关系质量→探索式学习	0.064	0.579	H3-2d	不支持
组织设计→利用式学习	0.015	0.026	H3-3a	支持
组织设计→探索式学习	0.118	0.032	H3-3b	支持
IT 设计→利用式学习	0.144	0.012	H3-3c	支持
IT 设计→探索式学习	0.086	0.005	H3-3d	支持
组织设计〈—〉关系强度	−0.053	0.534	H3-3e	不支持
组织设计〈—〉关系质量	0.098	0.254	H3-3f	不支持
IT 设计〈—〉关系强度	0.065	0.023	H3-3g	支持
IT 设计〈—〉关系质量	0.203	0.014	H3-3h	支持

3.3 研究结论和启示

根据相关的文献研究和理论,本章推导构建了关于组织设计、IT 设计、关系强度、关系质量、探索式学习、利用式学习和创新绩效作用关系的理论模型,研究集群中企业创新背后的学习过程和组织结构的作用,并通过实证研究对模型进行了验证,本章的研究结论和启示如下。

3.3.1 研究结论

(1)组织设计和 IT 设计与非正式社会关系的作用关系存在一定的差异,IT 设计与非正式关系相互促进,但组织设计与非正式关系的相互促进的作用关系没有得到实证支持。

本章的研究对象是企业中两个网络的关系,可称之为进行双重学习的"超网络"。该项研究目前大多局限于理论分析和案例分析,对两者的关系仍存在着争论,问题主要集中在正式组织结构是促进还是阻碍了非正式网络的发展。本章的研究结果表明,作为正式组织关系重要基础的组织设计和 IT 设计与非正式关系的作用存在着差异,IT 设计与关系强度和关系质量的作用关系得到证实(系数分别为 0.07,0.20,$P<0.05$),但组织设计与关系强度和关系质量的正相关关系没有得到支持(系数分别为 -0.05,0.10,后者没有通过 P 值检验),表明该集群中企业的组织设计和非正式关系没有得到很好协同。

(2)探索式学习和利用式学习都对企业的创新绩效具有促进作用,但探索式学习发挥的作用相对较小。

本章理论研究提出,探索式学习和利用式学习之间虽有冲突的一面,但在更多情况下两者相互交织,并且有互补的功能。定量分析结果表明,探索式学习和利用式学习都对企业创新绩效有促进作用,并且两者之间存在着正相关关系,不仅支持了本章预测,而且表明规模较大、生存能力较强的企业努力协同两者的关系,保持对探索式学习的投入,以保持适应性。同时,在双重学习的作用方面,以往研究倾向于认为探索式学习对创新绩效具有更大的作用,而利用式学习作用较小,但本章的实证研究结果发现,探索式学习虽然促进创新绩效,但与利用式学习相比,相关性较小(与利用式学习、创新绩效的作用系数分别为 0.08 和 0.07,$P<0.05$),这与以往的看法近乎相反。这一发现表明化工行业的大部分企业目前更多依赖于利用式学习提升创新绩效,对探索式学习的依赖则较少。

(3)关系强度和质量都没有促进探索式学习。

如表 3-6 所示,研究表明,关系强度促进了利用式学习(系数为 0.20,$P<0.05$),但对探索式学习的作用没有得到支持(系数为 -0.13),而关系质量对双重学习的作用与预测也有同样的偏离(系数分别为 0.22,0.06,后者没有通过 P 值检验)。非正式关系的这一共同特点可能与本研究特定的样本设置有一定关系。

从行业特点来说,发达国家早已越过重化工业的发展阶段,产业技术目前已较为成熟,而对国内的大部分企业来说,直接引进、消化和吸收国外先进设备和先进技术更为普遍,并且由于我国经济发展总体上还没有越过重化工业阶段,国内市场仍有很大发展空间,因此,对现有技术的引进、精炼和挖掘仍然是企业竞争力的主要来源,而进行尝试、试验和升级的激励则不足,这点在访谈中也得到企业管理者和专家的认同。

(4)正式关系与非正式关系主要通过利用式学习行为作用于企业的创新绩效。

本章的模型基本有两条提升创新绩效路径:正式关系与非正式关系→探索式学习→创新绩效;正式关系与非正式关系→利用式学习→创新绩效。一方面组织设计与探索式学习正相关,探索式学习与创新绩效正相关;另一方面,IT 设计、关系强度和质量都与利用式学习显著正相关,利用式学习与创新绩效也是显著正相关。可见集群企业同时利用这两条路径提升创新绩效,同时,两条路径相比,前者的相关性很小,而后者的相关性都较高,因此,该集群企业更侧重于采用后一条路径提升创新绩效。这表明受到行业特点的影响,集群企业在总体上仍处于利用式学习的阶段。

3.3.2 管理启示

根据本章的理论和实证分析,集群中的企业在学习策略调整、组织结构的设计以及组织目标管理中应考虑以下两个方面:

(1)围绕企业的持续创新和发展,集群中的企业应加大对探索式学习的投入,进行相应的结构调整,以适应不断变化的环境。

由实证分析可知,该集群中的企业大多依赖于利用式学习提升创新绩效,但随着环境变化的日益加剧,这样的学习策略将会越来越不能帮助企业适应未来的环境。由于学习行为进一步嵌入到企业的正式和非正式关系之中,学习策略的调整可能就会要求结构也做出相应的调整,包括组织设计、IT 设计、关系强度和关系质量等。因此,学习策略和所嵌入结构的调整越迟,调整的难度将越大,时间也越长,尤其是面对环境的非连续性变化时,集群中企业的发展可能更容易陷入困境。在当前金融危机的影响下,集群中的企业已经开始出现停产、倒闭的现象,要求集群中的企业做出迅速的调整。

(2)组织设计和 IT 设计应促进社会资本的发展,组织目标的制定要引导正式关系和非正式关系的协调。

由于非正式社会网络更为隐蔽,因此应首先进行非正式网络的分析,根据非正式网络的关系强度、质量和连接模式等特征设计和确定各部门的组织边界和部门间关系。进行组织结构的设计应同时考虑信息技术的作用,信息技术不仅有利于突破地理空间的物质障碍,而且有利于突破知识交流的语义、语法等语言障碍,不仅直接有利于组织学习,而且能够促进非正式社会网络的发展。借助信息技术促进组织学习和社会交往不仅得到本研究的支持,在企业的管理实践中也得到广泛的认同和应用。此外,非正式社会网络所围绕的目标往往与正式组织关系的目标并不完全一致,如果仅考虑一个方面,组织目标将难以获得两方的支持,甚至在正式组织结构和非正式网络之间形成分裂的二元结构,增加组织的协调成本。因此,组织目标的制定必须考虑这两个结构的平衡。比如在鼓励员工非正式交往的同时提出具有挑战性的目标,引导非正式社会网络的发展。与此相应,绩效评价和激励制度应与这一新的组织目标制定原则保持一致。

3.4 本章小结

以往的研究认为,单纯依赖利用式学习或探索式学习都存在陷阱,只有同时进行两种学习的双重学习才有利于企业的持续创新和发展,因而如何促进双重学习已成为一项重要的管理挑战。

本章提出，企业中各层次的组织单元既利用正式的组织关系，又利用非正式的社会关系进行组织学习，正式关系和非正式关系的有效整合应有利于双重学习和企业创新绩效的提升。据此，本章首先建立了组织设计、IT 设计、关系强度、关系质量、探索式学习、利用式学习和创新绩效作用关系的理论模型，接着以国内化工产业的地理集群企业为研究对象，运用结构方程模型加以检验和分析。

本章研究的贡献在于，基于正式关系、非正式关系、探索式学习、利用式学习和创新绩效之间的关系研究，探索了企业内部网络结构对企业创新绩效的内在作用机制和路径，并实证分析了变量间的作用关系。基于集群企业为样本的实证研究结果表明，探索式和利用式学习都有利于企业创新绩效的提升，而正式和非正式关系相互作用，都是促进双重学习的重要机制，并主要通过利用式学习行为提升企业的创新绩效。

尽管本章的理论模型和实证分析具有创新性，但研究对象和研究假设都有明确的界限，需作进一步的研究：① 本章的研究对象是关系结构的协同及其对企业学习行为和创新绩效的作用，但这一协同过程非常复杂，正式关系和非正式关系的功能耦合依赖于具体的管理情境，有待于更多的理论和实证研究来进一步揭示；② 本书研究是建立在集群企业具有同质性的假设基础之上的，在结构、学习行为和创新绩效上不存在差异，但显然集群企业不是同质的，在集群的创新过程中不同类型企业往往占据着不同的位置，承担着不同的功能。因此，对集群企业的进一步研究应对企业进行分类，研究其创新过程的差异及其对集群整体创新的作用，这就是下一章研究的主要任务。

4 基于企业间分工合作网络的集群双重学习及创新绩效研究

　　由于集群的复杂性,目前关于集群层面创新的研究仍然较少。而且,由于受到古典经济学理论传统和意大利北部产业区成功实践的影响,有限的集群创新研究大多采用简化的处理方法,往往假设集群企业具有同质性,或主张中小企业是集群创新的发动机,将研究对象限定在中小企业。这种同质性的研究假设受到了实证研究的持续挑战。有关集群的大量案例研究表明,集群的持续创新和成长很可能源于不同类型企业间的相互作用。尽管这些经验研究试图打破以往的同质性研究假设,但仍未能很好地揭示集群企业之间相互作用的本质和集群持续创新的内在机理。

　　本书前一章的研究是建立在规模较大的集群企业所从事的创新及相关活动具有同质性的假设基础之上的,但集群内的企业间显然具有分工合作关系,所从事的活动存在着差异,因此基于这种假设的研究仍略显粗糙,本章将依据集群企业分工合作的特征作进一步的细致分析。前一章已经指出,组织的持续创新和发展依赖于利用式学习和探索式学习之间的平衡和匹配,其中一个管理方案是同时进行两种学习,即双重学习(或二元学习),这就为集群持续创新机制的研究提供了新视角。本书认为,持续创新的产业集群本质上是一个功能耦合的、有"核心—外围"结构的企业网络,企业依据其在企业网络中的不同位置采用不同的学习策略,根据学习策略的差异可以将集群企业区分为领导型企业和跟随型企业,而集群整体的双重学习和持续发展正是依赖于企业间学习行为的分工和整合机制。

本章首先根据个体和企业两个层次知识学习和创新的研究进展,总结了双重学习的方式;在此基础上结合集群特有的组织条件,提出集群双重学习的机制;据此将集群企业进行分类,并探究其学习行为,建立了集群企业学习的理论模型;最后将上一章的集群企业样本重新进行分类,运用结构方程模型方法,对不同类型企业的学习行为进行比较研究。

4.1　理论假设

4.1.1　个体和企业的双重学习方式

正如前一章所指出的,理论和经验研究已经表明,利用式学习或探索式学习这两种学习行为之间存在着既冲突又互补的张力,这一张力是组织学习的一项基本矛盾,如果不能管理好这一张力,就会引起个体和组织单元行为上的"防卫性反应",阻碍个体和组织的能力提升和绩效改善。由于目前关于集群层次双重学习的研究还很少,因此有必要借鉴个体和企业层次双重学习的研究成果。

4.1.1.1　个体双重学习方式

对于个体来说,探索式学习是拓展知识的宽度,利用式学习是拓展知识的深度。显然,两者对个人的长期发展都非常重要,一方面,个体要通过探索和试验追求知识的多样性;另一方面,个体又要对已有知识进行精炼和挖掘。对于个体的知识发展和进化来说必须两者兼顾,个体通过大脑这一中枢系统来协调和整合这两种努力。整合包含对知识的分析和联系两个方面,其过程正如 Simon 所指出的,多样性知识共存于一个头脑中导致的问题分类产生了创新。

4.1.1.2　企业双重学习方式

企业双重学习的机制与个人的双重学习机制存在一定差异。对个人来说这两个任务是在同一个认知结构,即个人头脑中实现的,但在现代企业中,普遍的做法是由不同的人承担不同任务以及部门之间各有分工。分工提高了利用式学习和探索式学习两个任务的效率,是组织动态能力和组织进化优势的基础。由于外部知识在探索和试验中非常重要,Cohe 将企业中的承担起试验和探索任务的单元称为"守门者"。分工带来的进一步问题就是如何将两者协调起来,既能发现更好的问题解决方案,又能保证新知识的传播、吸收和利用。这就要求"守门者"还要担负起将知识传递给企业其他成员的任务,即"传播者"的角色。相应的,承担利用式学习的单元还要担负起知识"接受者"的角色,以缩短与"守门者"之间的认知距离。前一章的研究已经表明,企业会借助其正式的管理系统和非正式社会网络来协同个体和部门等不同角色间的关系。

4.1.2　集群的双重学习及其组织方式

4.1.2.1　集群双重学习

为实现持续创新与发展,集群同样需要承担起利用式学习和探索式学习这一双重任务。从个体和企业的双重学习行为可以看出,区分和整合是管理双重性张力的基本机制,即一方面通过分类或分工提升利用式学习和探索式学习的质量,另一方面建立协调两者的系统、制度和程序等机制,使得学习行为能够有效整合,以利于持续的创新。在经济全球化及区域竞争日趋激烈的背景下,协同利用式学习和探索式学习的关系,有利于集群的生存和持续发展。双重学习管理能力强的集群既擅长渐进式的增量创新,又擅长激进式的创新突破,使得集群既能满足当前需要,又能适应未来环境变化。

与企业内部研发和制造的关系类似,在集群企业之间同样存在着分工关系,企业只是从包括研发、制造、营销等生产服务过程中截取某些阶段从事分工活动。这种分工关系带来了各分工阶段效率的提高,包括探索式学习和利用式学习。因此一部分企业在集群中更多地承担探索式学习的任务即"守门者"以及知识"传播者"的角色,相应的,与该企业具有经济和社会联系的相关企业则更多担负利用式学习的任务和知识"接受者"的角色。

4.1.2.2 集群双重学习的组织方式

集群企业之间关系的组织方式与个体和企业不同,个体有大脑这一中枢系统管理双重学习,企业同样有较为完备的中央管理系统协调各部门关系,而产业集群是以具有自主产权的企业为节点的企业网络,有更明显的自组织特征,其整合和治理方式介于层级制和市场机制之间。由于新知识根本上来源于外部和探索式学习,承担此任务的"守门者"企业在与其他相关企业的协作网络中往往占据着相应的优势位置,近年来对意大利产业集群的一系列深入研究支持了这一观点。

如 Boschma 等研究表明,意大利产业区的大公司(large companies)为"桥企业",这些企业接触外部知识源,并将地区活动引入国际市场。Malipiero 等实证研究表明,意大利集群中核心企业(focal firms)使用外部知识的程度大大高于集群中的其他企业,而非核心企业则大量接受核心企业的知识扩散。位置优势使得这些企业在集群内企业间网络中更多发挥着协调和整合的作用,如 Lazerson 等观察到,意大利产业区大企业(larger firms)对小企业群的生产经常进行组织,包括引进技术、扩张已有市场等;Boari 发现,从长期来看,意大利中小企业发展依赖于有限数量的企业,这些企业能够认知市场和产品,并管理区域内外庞大的企业和其他组织关系。

　　当然,并不是说承担探索式学习的企业数量越多,集群双重学习的管理就越好。对于组织来说,"守门者"数量越多,说明组织结构越分散,组织机制越接近于市场方式,知识的多样性程度或知识宽度越高,但深度不足,不利于利用式学习和组织的持续发展;反之,"守门者"数量越少,则组织结构越集中,组织机制越接近层级制,知识可能具有很好的深度,但宽度不足,不利于探索式学习和组织的持续发展。美国 128 号公路和意大利普拉托产业区的发展过程正是这两种情况的例证。因此,承担探索式学习的企业数量太多或太少都可能不利于集群的持续发展,由一定数量的从事探索式学习的企业和一批从事利用式学习的相关企业构成的具有"核心—外围"层次结构的集群内企业间网络应该更有发展的鲁棒性,既可以整合生产体系进行区域间竞争,又不会因为部分节点的损失而影响集群内企业间网络的运作,硅谷内企业间关系网络就较为接近这种优化的结构。

4.1.3　集群企业的分类和研究假设

4.1.3.1　领导型企业和跟随型企业分类

　　从以上分析可以看出,将企业从直观上简单地区分为大、中、小企业不能反映集群企业之间的分工协作方式,本章从双重学习的视角将集群企业总体上区分为领导型企业和跟随型企业。领导型企业更多承担探索式学习任务,在集群中具有位置优势,在与相关企业进行新知识利用的协作网络中居于领导地位;而跟随型企业更多承担利用式学习任务,在协作网络中更多居于从属地位。并且,位置的占据者或代理人不是固定的,原有的跟随型企业可能通过不断参与探索式学习而改变自身在集群网络中的位置,转变为领导型企业,反之亦然。这种动态特征同时表明企业间没有明确的界限,领导型企业也可能部分地参与利用式学习,跟随型企业也可能部分地参与探索式学习。

4.1.3.2 本章研究假设

（1）学习行为与创新绩效的作用关系假设

与将企业分为大中小三类的方法相比，新的分类方法更为接近企业知识活动的实际。本书进一步认为，作为试验和探索标志的研发活动投入可以作为区分集群企业的参考标准，研发投入越多，越可能是领导型企业，反之则更可能是跟随型企业。与企业在产品、技术和价格竞争中的"领导—跟随"战略不同，这里"领导—跟随"指的是企业进行双重学习的分工协作关系。根据以上讨论，集群企业借助网络进行双重学习，其学习策略受到其企业间网络中的位置影响，领导型企业更为侧重探索式学习，跟随型企业更为侧重利用式学习。因此，本章有如下假设：

H4-1：在领导型企业中，探索式学习是其创新绩效的主要来源。

H4-2：在跟随型企业中，利用式学习是其创新绩效的主要来源。

可见，在进一步考虑企业外部网络的条件下，企业内部双重学习的平衡点发生了变化，集群企业学习策略的改变要求企业内部的双重学习管理机制的变革，包括区分与整合方式。本章聚焦于企业内部整合机制与探索式学习和利用式学习的关系，以此证明企业在不同学习行为中是否有所侧重。除正式的管理系统外，社会资本构成了企业学习行为整合的一项重要机制。前一章的研究已经表明，企业内个体间人际交流的社会网络的特征影响学习行为和创新绩效的作用，本章沿用这一思路，并通过分类样本检验比较不同类型企业学习行为。本章提出，集群企业对社会网络的投资和利用应有利于其学习目标和策略的实现，并通过学习行为进而促进创新绩效的提升，理论模型如图 4-1 所示。

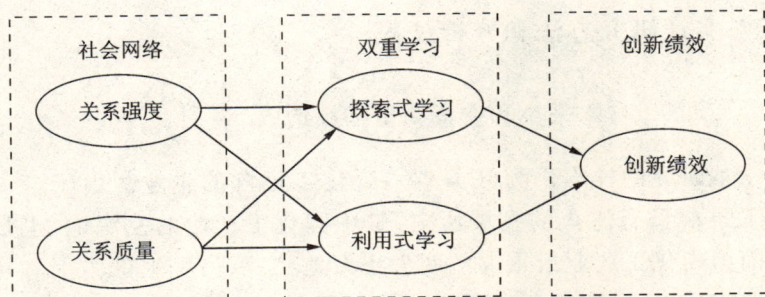

图 4-1　变量间关系研究模型

（2）关系维度网络构造与学习行为的作用关系假设

与前一章的处理方法一样,本章研究企业内跨部门的人际交流关系的强度和质量对学习行为和创新绩效的作用关系。前一章研究指出,关系强度是双重学习管理的重要机制,既可促进利用式学习,又可促进探索式学习,其作用发挥服从于企业的学习策略。基于本章研究中企业间学习行为的分工合作关系,本章进一步提出,对领导型企业来说,部门间应发展更高的关系强度以促进探索式学习和知识分享;而对跟随型企业来说,则应投入更大的强度进行利用式学习和知识分享。据此,本章做出如下假设:

H4-3:在领导型企业中,更高的关系强度与探索式学习正相关。

H4-4:在跟随型企业中,更高的关系强度与利用式学习正相关。

前一章指出,关系质量也是影响学习行为和创新绩效的关系的重要维度,关系强度不能构成关系作用发挥的充要条件,必须同时考虑关系质量的影响。同样根据对企业间分工合作的研究,本章进一步提出,与关系强度的作用相似,对领导型企业来说,应发展和利用更大的信任度促进探索式学习和知识分享;而对跟随型企业来说,则应发展更大的信任度以促进利用式学习和知识分享。因此本研究有如下假设:

H4-5:在领导型企业中,更高的关系质量与探索式学习正相关。

H4-6:在跟随型企业中,更高的关系质量与利用式学习正相关。

4.2 实证研究方法和分析过程

4.2.1 样本采集和变量测量指标选取

本研究的样本仍为江苏省六合化工集群的企业。由于这一化工集群具有悠久的发展历史,是中国化工产业的发源地,也是目前国内化工产业最重要的两大集聚地之一(另一地区为上海)。因此,在这一具有长期生存能力的集群中应该能够发展出企业间的良好分工合作关系,更好的管理双重学习和进行持续创新,具有更为接近本研究要求的优化结构。据此,本章根据各企业2008年的研发投入,将所回收的236份有效问卷(样本的基本特征见表4-1)重新细分为领导型企业(100万元以上,72家)和跟随型企业(100万元以下,164家)进行研究。本章对潜变量的测量指标沿用前一章已经得到初步证实的指标,包括社会网络、双重学习和创新绩效的测量模型,如表4-2所示。

表 4-1 样本的基本特征

特征	分类	样本数	百分比/%
企业规模	600 人以下	108	45.8
	600~1 200 人	63	26.6
	1 200~2 000 人	37	15.7
	2 000 人以上	28	11.9
成立年限	10 年以下	82	34.7
	10~17 年	71	30.1
	18~25 年	47	19.9
	25 年以上	36	15.3
研发投入	1 000 万元以上	9	3.8
	500~1 000 万元	15	6.4
	100~500 万元	48	20.3
	100 万元以下	164	69.5

表 4-2 变量的测量模型

变量	测量指标	问题描述
关系强度	V_1	部门间存在经常性的社会交往
	V_2	部门间关系紧密
	V_3	部门间相互了解
关系质量	V_4	各部门避免相互损害
	V_5	各部门相互信守承诺
	V_6	各部门相互信任
探索式学习	V_7	企业为实现长期发展而勇于冒险
	V_8	企业进行新的产品和工艺试验
	V_9	企业鼓励员工的创造活动
利用式学习	V_{10}	企业巩固已有市场确保收入稳定
	V_{11}	企业通过优化资源配置提高效率
	V_{12}	企业注重提高客户满意度
创新绩效	V_{13}	企业的新产品和服务得到客户认可
	V_{14}	企业的竞争优势建立在技术之上
	V_{15}	与竞争对手相比,企业盈利水平很好

4.2.2 模型估计和评价

为验证假设,本章运用结构方程模型方法（SEM）和 AMOS7.0 统计软件进行数据分析并估计变量之间的关系。根据图 4-1 潜变量间关系的结构模型以及表 4-2 的测量模型,得到总体的结构方程模型,如图 4-2 所示。本章分别以领导型企业和跟随型企业为样本,运用 AMOS7.0 统计软件,采用最大似然法来估计模型参数和变量间的关系。

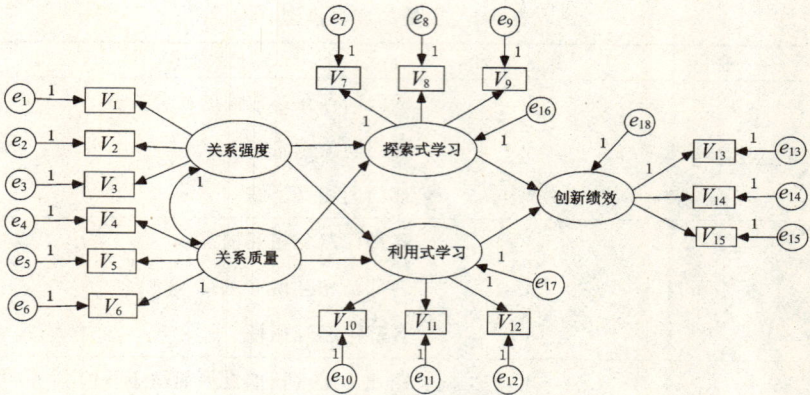

图 4-2 变量间关系总体模型

4.2.2.1 总体模型评价

以领导型企业和跟随型企业为样本的总体模型拟合结果如表 4-3 所示,领导型企业为样本的模型拟合的卡方和自由度分别为 $\chi^2 = 124.2, \mathrm{d}f = 83$,跟随型企业为样本模型拟合的卡方和自由度分别为 $\chi^2 = 108.1, \mathrm{d}f = 83, \chi^2/\mathrm{d}f$ 的拟合数值分别为 1.5,1.4,均为远远小于 3 的可接受水平;统计量 $RMSEA$ 分别为 0.075 和 0.061,也均为低于 0.08 的可接受水平;而其他统计量 $GFI, AGFI, NFI, RFI, IFI, TLI, CFI$ 基本都大于 0.8,并接近 1.0,表明模型是可以接受的。可见,分样本的拟合结果均表明总体模型具有很高的拟合优度。

表 4-3 总体模型的拟合度指数表

模型	χ^2	$\mathrm{d}f$	$\dfrac{\chi^2}{\mathrm{d}f}$	GFI	AGFI	NFI	RFI	IFI	TLI	CFI	RMSEA
以领导型企业为样本	124.2	83	1.5	0.827	0.755	0.909	0.888	0.972	0.965	0.972	0.075
以跟随型企业为样本	108.1	83	1.4	0.907	0.871	0.883	0.857	0.953	0.941	0.952	0.061

4.2.2.2 测量模型评价

本章分别以领导型企业样本和跟随型企业样本检验测量模型的信度和效度,一致性信度分析方法(reliability analysis)检验结果显示,潜变量的 Cronbach's α 值都在 0.75 以上(见表 4-4 和表 4-5),潜变量具有良好的内部一致性和较高的信度。验证性因子分析结果显示,标准化的因子负荷在 0.6 以上(大于 0.5 的最低临界水平,见图 4-3 和图 4-4),表明衡量指标之间高度相关,潜变量具有较好的内敛效度。

表 4-4 领导型企业为样本的测量模型效度检验

潜变量	Cronbach's α 值	关系强度	关系质量	探索式学习	利用式学习	创新绩效
关系强度	0.90	0.84				
关系质量	0.96	−0.114	0.86			
探索式学习	0.99	0.132	−0.023	0.98		
利用式学习	0.92	−0.285	0.303	−0.040	0.90	
创新绩效	0.91	−0.067	0.071	0.235	−0.009	0.88

表 4-5 跟随型企业为样本的测量模型效度检验

潜变量	Cronbach's α 值	关系强度	关系质量	探索式学习	利用式学习	创新绩效
关系强度	0.86	0.82				
关系质量	0.83	0.065	0.79			
探索式学习	0.79	−0.065	0.148	0.74		
利用式学习	0.78	0.085	0.082	0.006	0.72	
创新绩效	0.91	−0.007	0.017	0.112	0.001	0.89

各潜变量平均萃取变差 AVE(Average Variance Extracted)的平方根在 0.72 以上(见表 4-4 和表 4-5),高于 0.707 的最低临界水平,同样表明潜变量具有较高的内敛效度;且各潜变量 AVE

的平方根大于各变量间的相关系数,表明模型具有较好的判别效度。根据分样本的信度和效度检验结果,可以认为本研究的潜变量构造是合理的,测量模型具有较高的信度和效度。

4.2.3　研究结果与假设验证

图 4-3、图 4-4 分别给出了以领导型企业和跟随型企业为样本的变量间的关系总体模型的拟合结果,表 4-6 对本章假设进行了验证。

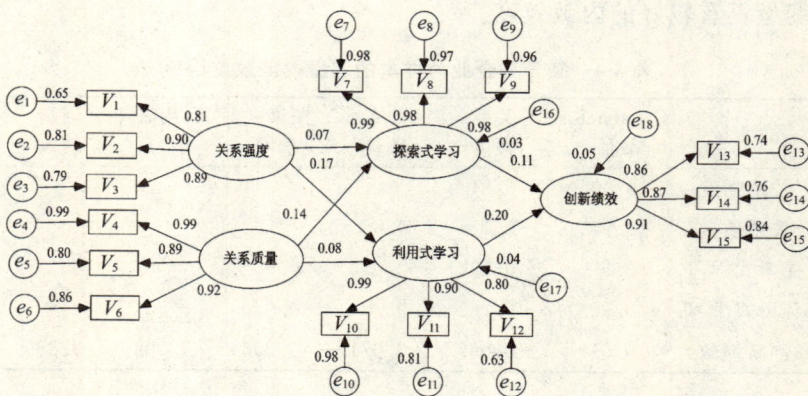

图 4-3　领导型企业为样本的模型拟合结果

如图 4-3 和表 4-6 所示,在领导型企业中,利用式学习与创新绩效的作用系数显著地高于探索式学习(系数分别为 0.20 和 0.11,$P<0.05$),关于领导型企业侧重于通过探索式学习提升创新绩效的假设 H4-1 没有得到支持;同样关系强度对利用式学习的作用系数也高于探索式学习(系数分别为 0.17 和 0.07,$P<0.05$),没有支持领导型企业以更高的关系强度进行探索式学习的假设 H4-3;而关系质量与探索式学习的作用系数高于利用式学习(系数分虽为0.14 和 0.08,$P<0.05$),支持了领导型企业以更高的关系质量进行探索式学习的假设 H4-5。

如图 4-4 和表 4-6 所示,在跟随型企业中,利用式学习与创新绩效的相关系数(0.33,$P<0.05$)显著地高于探索式学习与创新绩效的相关系数(-0.07,$P>0.05$),支持了跟随型企业主要通过利用式学习提升创新绩效的相关假设 H4-2;在跟随型企业中,关系强度与利用式学习以及探索式学习的作用系数分别为 0.27($P<0.05$)和-0.23($P>0.05$),关系质量与利用式学习以及探索式学习的作用系数分别为 0.24($P<0.05$)和 0.04($P>0.05$),支持了跟随型企业以更高的关系强度和质量进行利用式学习的假设 H4-4 和 H4-6。

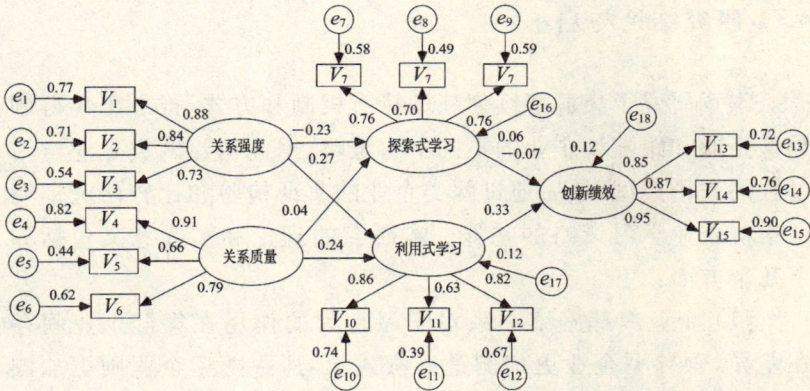

图 4-4　跟随型企业为样本的模型拟合结果

表 4-6　模型检验结果与假设验证

变量间的关系	领导型企业为样本				跟随型企业为样本			
	系数	P 值	假设	结果	系数	P 值	假设	结果
利用式学习→创新绩效	0.204	0.018	H4-1	不支持	0.334	0.030	H4-2	支持
探索式学习→创新绩效	0.108	0.029	H4-1	不支持	-0.073	0.403	H4-2	支持
关系强度→利用式学习	0.173	0.035	H4-3	不支持	0.269	0.046	H4-4	支持

变量间的关系	领导型企业为样本				跟随型企业为样本			
	系数	P 值	假设	结果	系数	P 值	假设	结果
关系强度→探索式学习	0.070	0.022	H4-3	不支持	−0.230	0.018	H4-4	支持
关系质量→利用式学习	0.075	0.015	H4-5	支持	0.240	0.017	H4-6	支持
关系质量→探索式学习	0.138	0.026	H4-5	支持	0.043	0.646	H4-6	支持

4.3　研究结论与启示

本章研究了集群持续创新的特有机制和方式,推导出集群领导型企业和跟随型企业的不同学习策略,据此构建两类企业学习过程的理论模型,最后通过两类企业的实证检验和比较研究证明了集群企业学习策略的差异。本研究的理论和实践意义包括如下几个方面:

(1) 企业内部网络关系对学习行为的作用在集群企业间存在差异,领导型企业更加侧重探索式学习,跟随型企业则更加侧重利用式学习。

本章理论研究提出,企业的社会关系投资和利用与企业双重学习策略应具有一致性。在跟随型企业中(见表 4-6),关系强度促进了利用式学习(系数为 0.27),但对探索式学习没有起到促进作用(系数为−0.23),而关系质量对双重学习的作用也如此(系数分别为 0.24、0.04,后者没有通过 P 值检验)。这一结果支持了本章假设,表明跟随型企业社会关系投资和利用侧重利用式学习。而在领导型企业中,虽然社会关系在两种学习行为中更加侧重探索式学习的假设没有得到支持(见表 4-6,关系强度与利用式学习相关系数为 0.17,大于与探索式学习的 0.07),但关系强度和关系质量都促进了利用式学习和探索式学习（系数分别为0.17,0.07,0.08,0.14）。可见,与跟随型企业相比,领导型企业对社会关系的投资和利用更为侧重探索式学习。以上研究表明不同类型集群企业注重通过社会关系的投资和利用以实施其双重学习策略。

实证结果同时也表明领导型企业仍然投入很大的精力进行知识的挖掘和利用,其原因可能有两个:一是跟随型企业的力量仍然不足,难以承担更多利用式学习的任务;二是与样本所在行业的特点有关,由于重化工业的技术在国际上已较为成熟,直接引进、消化和吸收国外先进设备和先进技术仍然是国内众多大型企业竞争的重要方式。这一发展现状要求在实践中一方面要加强跟随型企业的配套能力,使其分担更多利用式学习的任务;另一方面领导型企业也应更加注重企业外部生产制造网络的培育,使自己能更加集中力量进行探索和试验,共同促进集群的长期发展。

（2）探索式学习和利用式学习对创新绩效的贡献在集群企业间存在着较大差异,企业的学习策略可能受到企业外部网络影响。

双重学习是组织需要处理的基本矛盾,但以往关于双重学习的实证研究局限于企业内部,认为要实现企业的持续创新和发展,必须在企业内部平衡探索式学习和利用式学习的关系,因此两者对企业绩效应具有相近的贡献。但本章的实证研究表明,对于跟随型企业而言利用式学习与创新绩效高度相关（系数为0.33）,而探索式学习与创新绩效的相关系数则为负数（系数为-0.07）,表明跟随型企业侧重通过利用式学习来提升创新绩效和获取竞争优势。而在领导型企业中,利用式学习和探索式学习与创新绩效间的相关系数达到了0.20和0.11,表明领导型企业更加注重容纳探索式学习来提升竞争力和创新绩效。

可见,不同类型的集群企业在借助双重学习提升创新绩效和获取竞争优势的方式上存在着较大差异,这一研究结果与以往企业层面双重学习的研究结论并不一致。以往研究往往认为,组织必须在内部平衡双重学习以持续创新和发展,单纯依赖某一学习行为无法实现持续发展,但本研究表明集群企业的双重学习中都有所侧重,并不是均衡状态,尤其是跟随型企业,这与以往的研究逻辑不符。本研究认为企业外部网络有助于解释理论与实证的这一差异,集群中的企业通过外部网络维持了自身双重学习的平衡,借助企业外部网络应该是集群企业双重学习策略的重要组成部分。

(3)不同类型集群企业的学习策略具有互补性,有利于企业间的互动和集群的持续发展。

本章模型有两条提升创新绩效的基本路径:"企业网络→探索式学习→创新绩效"和"企业网络→利用式学习→创新绩效"。比较研究发现集群企业提升创新绩效的路径存在着差别。由表4-6可知,跟随型企业的网络关系特征与利用式学习间的系数均较高(0.27,0.24),利用式学习与创新绩效的系数也高达0.33,而探索式学习相关变量的系数均较低或负相关(-0.23,0.04,-0.07),表明跟随型企业采用后一条路径来提升创新绩效;而领导型企业两条路径的系数都较高(见表4-6),表明领导型企业同时利用这两条路径来提升创新绩效。

集群企业的外部网络的作用有两个方面:一是影响网络节点即集群企业的行为;二是影响集群整体的行为。不同类型的集群企业提升创新绩效的路径和机制的差异表明,领导型企业投入更多力量进行研发试验以获取新知识,而跟随型企业依赖于利用式学习来提升创新绩效,两者学习策略的互补性显而易见。据此可以推测,两类企业很可能存在着分工合作关系,领导型企业可能将部分利用新知识的任务交由跟随型企业完成,两类企业间的分工合作关系可能正是该化工产业集群能够维持长期的生存和取得较好绩效的原因。

（4）集群企业内的学习行为具有异质性的特征，基于异质性的互动是集群企业间相互关系的本质以及集群整体创新的重要动力源泉。

前一章的研究是建立在同质性假设的基础之上的，其实证研究结果表明，集群企业总体上依赖于利用式学习行为提升创新绩效，而且它们对社会网络的投资和利用也主要用于促进利用式学习行为。这一总体分析并没有揭示集群企业之间的可能差异，因而本章基于集群的双重学习机制和企业间学习行为的可能差异及其分工合作关系，对企业进行了分类的实证研究。研究结果表明，集群中跟随型企业主要依赖利用式学习行为来提升创新绩效，而领导型企业则在一定程度上依赖探索式学习行为来提升创新绩效，两类企业之间有一定的分工合作关系。这一新的研究成果揭示了企业间分工合作的本质，而且通过实证分析验证了集群双重学习机制，对集群层次的创新研究具有重要意义。

4.4 本章小结

在前面一章整体的同质性研究的基础上，本书根据集群企业间学习行为的差异进一步研究领导型企业和跟随型企业创新机制的差异，取得了新的研究成果。本章借鉴个体和企业层次双重学习研究的进展，结合集群特有的组织条件，提出集群双重学习的机制，认为集群企业依据其在集群网络中的位置采用不同的学习策略，领导型企业更加侧重探索式学习，跟随型企业更加侧重利用式学习，两者的分工和异质性互动构成了集群持续创新的内在机理。据此，本章建立了集群中企业学习的理论模型，根据企业的研发投入多少将集群企业进行分类，选取南京六合化工产业集群的 236 家企业作为样本，运用结构方程模型对集群中企业进行分类检验和比较研究。研究结果表明，集群中不同类型企业的学习策略存在差异，集群网络的作用是产生这一差异的可能原因;集群中不同类型企业的学习策略具有互补性,有利于企业间互动和集群的持续创新。

本章的突破之处在于,首次提出了集群双重学习的概念和组织方式,并基于集群双重学习机制,不仅从理论上将集群中的企业区分为领导型企业和跟随型企业,而且根据研发投入,将两类企业按照量化标准加以区分,在前一章集群企业同质性假设的实证研究基础上,进一步证实了集群企业基于学习行为异质性的互动关系,对理解企业间互动本质及集群创新绩效的生成具有重要意义。

尽管本章进行了较为深入的理论和实证研究,取得了一些有意义的发现,但本章的研究对象限定在集群企业内部,论证的逻辑是,以企业为样本验证两类企业的学习行为是否存在差异,证明企业间学习行为具有互补性,有利于企业间互动和集群的持续创新。对企业如何利用企业间关系进行学习、企业如何互动更有利于集群创新,本章提供了理论解释,并通过企业层面的实证研究给予了证明,但仍需要企业外部网络与企业和集群创新绩效关系的直接证据加以补充证明,这是下一章研究的主要问题。

5 基于企业外部网络作用的产业集群及集群企业创新绩效生成的研究

前一章研究结果表明,集群中不同类型企业的学习策略存在差异,企业外部网络的作用是产生这一差异的可能原因。据此,本章将进一步探究企业外部网络对集群企业及集群整体学习行为和创新绩效的作用。集群的持续创新要平衡好激进的突破式创新和渐进的增量创新之间的关系,提升这两个方面的绩效,以避免能力僵化和创新陷阱。以往的研究发现,集群能否持续创新与企业外部网络结构高度相关。如前文所述,集群的结构影响集群整体的创新绩效,如意大利普拉托产业区、美国马塞诸塞州128号公路、美国硅谷发展的成败都与其特有的企业网络结构紧密相关。与此相关,企业网络的大量研究关注结构对企业创新绩效的作用。此外,前两章的研究表明,学习行为也是影响组织创新绩效的重要因素。

尽管结构和学习行为对创新绩效作用的研究都已相当丰富,但仍有不足之处。一方面,由于忽略了知识转移和学习的过程,结构对创新绩效的影响研究只能归结为两者的相关性研究,而不能揭示结构作用于创新绩效的内在机制和路径。如果研究仅仅停留于这一水平,对如何进行结构调整以提升创新绩效,将难以提出真正具有系统性的解决方案,从而降低了这一研究的理论价值和实践意义。介于双重学习对组织持续创新的重要作用,有必要将双重学习引入到结构对创新绩效的影响机制中来,为通过结构调整改善组织创新绩效提供有益的启示。另一方面,在双重学习行为对创新绩效的影响研究中,由于缺少结构维度的研究支撑,阻碍了从根本上解决双重学习行为引发的管理挑战,可能会使双重学习的方案难以实施。因此,在学习双重性这一基础上,学者们已进一步提出背景双重性的概念,但在该项研究中学者们还没有考虑到作为背景中最基本的结构因素,结构由行为所构建又反过来引导行为,因而有必要将双重学习的研究进一步推进到结构层次。针对上述两方面的问题,本章聚焦于集群背景下结构、学习行为和企业创新绩效的关系研究,构建出三者的作用关系模型,揭示企业和集群创新绩效生成的内在机制和路径,以弥补相关研究的不足。

集群背景下的学习行为及其组织结构都有确定的内容和意义。首先,在学习方面,学者们提出,基于本地面对面交流的"自播"(local buzz)机制和跨区域的"渠道"(global pipelines)机制共同构成了集群的独特优势。本章认为,这两项机制完全可以理解为利用式学习和探索式学习的一种形式。此外,由于探索式和利用式学习行为的空间分工方案有利于提升专业化效率,适用于更为宏观的组织层次,因此有着分工协作关系的一组企业所构成的集群可以应用这一双重性方案。其次,集群学习有其结构基础,"自播"机制和"渠道"机制的背后还有更深层的嵌入性,包括集群内外部制度、文化等社会因素的影响。学者们尤其强调,本地连接和外部连接关系的混合是集群持续成长所必需的。最后,在集群创新的组织方面,由于企业是创新的主体,因此集群创新具有自组织特征。相关的研究强调,"领导"或"起锚"企业在集群创新过程中发挥着重要作用。

基于这三个方面的研究,本章提出结构、学习行为和创新绩效作用的内在逻辑:集群企业通过对企业间关系的投资为其学习创造了机会,并通过学习和利用其他企业的经验和知识,提升了企业的创新绩效;同时,企业间创新绩效的协同作用有利于集群整体突破创新瓶颈和能力的瓶颈,促进集群创新绩效的生成。

5.1 理论假设

5.1.1 集群创新的双重性及创新绩效生成过程

5.1.1.1 集群创新双重性

人类组织进行创新的目的就是适应环境。在全球化时代,如何通过持续的创新以适应市场和技术的日益快速变化,避免陷入创新和能力陷阱,成为集群管理的重要问题。集群的持续创新要处理好增量创新(incremental innovation)和突破式创新(radical innovation)之间的关系,在这两个方面都取得较好的绩效。增量创新是指在已有技术轨道上、在成熟市场中进行的产品和服务创新,突破式创新是指开辟新的技术轨道、开发新的产品和服务以及进入新市场。集群如果要避免创新和能力陷阱,实现持续的创新和发展,就必须进行脱离既有知识和经验的突破式创新,以适应市场和技术等外部环境的非连续性变化,同时还要基于现有知识和经验的积累,在已有的技术轨道内进行持续改进和创新,通过更好地服务于已有市场为突破式创新提供资金和技术支撑。如果仅仅进行增量创新将无法适应环境的非连续性变化,而如果仅进行突破式创新也会由于缺乏资金和技术支持而难以为继。据此,本章提出集群"创新双重性"的概念,即指集群同时追求两类创新绩效,以实现集群的持续创新。

当前,我国内生型制造业集群已经从对民间技术的模仿、消化吸收阶段过渡到了增量创新的阶段,通过对产品结构、性能、生产工艺技术等的二次创新,产品的技术含量和附加值得以提升,集群内产业链的宽度和深度都在持续扩展。但随着更加富于变化的全球市场的凸现,迫切要求集群降低对已有经验和知识的依赖,推进突破式创新,以成功进入全球市场。另外,在由跨国公司催生的我国外生型制造业集群中,国内企业通过配套加工、人才流动获取跨国公司的转移技术和技术溢出效应,也已进入技术的模仿创新阶段,模仿创新是沿着既有技术轨道进行增量创新的重要方式。但由于跨国公司转移到国内的多是高科技产品的加工装配等劳动密集型环节,其技术也多为非核心的成熟技术,这就要求集群中的国内企业尽快实现从模仿创新转变到建立在自身技术轨道上的自主创新和突破式创新,以减少对跨国企业的依赖,推动集群的持续创新。可见,我国制造业集群发展的当务之急正是要平衡好两类创新的关系,在两方面都取得较好的绩效,才能突破当前的创新瓶颈,避免遭遇能力陷阱。

5.1.1.2 集群创新绩效的生成过程

企业通过构建集群内、外部连接关系来支持学习行为,并通过探索式、利用式学习行为,生成企业的突破式、增量式创新绩效,这一过程具体如图 5-1 所示。而集群中的领导型企业和跟随型企业由于网络中内、外部连接关系的不同,将会导致不同的学习行为和创新绩效,进而形成不同的创新绩效生成路径。集群如何通过集群中的领导型和跟随型企业构建不同的内、外部连接关系,选择不同的学习行为等微观相互作用,而最终生成集群宏观的创新绩效,是本章研究的主要问题。如图 5-1 所示,创新与其组织结构和过程高度相关,集群企业通过对企业间关系的投资为

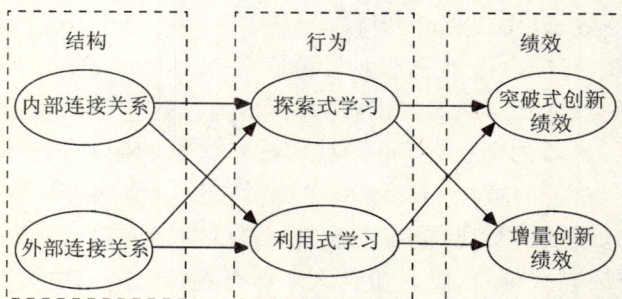

图 5-1 变量间关系研究模型

其学习创造了机会,进而通过学习其他企业的经验和知识,提升了企业的创新绩效;同时,企业间连接关系、学习行为和创新绩效的协同是突破集群整体创新和能力瓶颈、实现持续创新的关键。

这一研究框架有如下两个层面的意义:首先在企业层面上,企业要决定提升哪类创新绩效更有利于其生存,并采取相应的结构和学习行为策略;其次在集群层面上,企业提升创新绩效路径的分布反映了集群层次创新绩效的特征和来源。如果企业或集群的连接关系和学习行为对两类绩效的促进作用相当,表明企业或集群采取了"双重性"的环境适应策略,如果两个方面差异较大,说明企业或集群在一定程度上采用了"聚焦"的环境适应策略。

5.1.2 集群学习行为的双重性及其对创新绩效生成的作用

5.1.2.1 集群学习的双重性

前面已经指出,组织学习的本质是组织在与环境互动的问题解决过程中关于市场、竞争、技术、组织等知识和经验的不断积累和更新。作为组织学习的重要维度,探索式学习和利用式学习行为与技术、知识、提升、创新等高度相关。如 Benner 和 Tushman 指出,基于利用式学习的创新是现有构成成分的提升,建立在已有的技术轨道上,而基于探索式学习的创新包含了向不同技术轨道的转换。同样,He 和 Wong 将基于利用式学习的创新定义为提升现有产品和市场领域的技术创新活动,将基于探索式学习的创新定义为进入新的产品和市场领域的技术创新活动。可见,探索式学习和利用式学习行为分别影响突破式创新和增量创新绩效。正如 Levinthal 和 March 所指出的,组织面临的基本问题是进行足够的利用以保证当前的生存,同时保持足够的力量进行探索以确保未来的生存。因此,正如前一章所指出的,集群双重学习不仅有利于解决探索式学习和利用式学习的矛盾和张力,而且促进了突破式创新和增量创新的相互协调,有利于集群创新绩效的改善。

5.1.2.2 集群学习行为对创新绩效生成的作用

近来研究者开始重视组织学习在集群中的作用,Maskell 强调传统的集聚效应如降低交易成本和运输成本之外的知识和能力的作用,指出由企业间分工的不断加深,集群企业提升了创造知识的能力。Bathelt 等将集群中这种基于本地面对面交流的学习称为"自播"(local buzz)机制,这种机制正如 Marshall 描述的"产业空气"一样,可以使企业以很低的成本接触本地知识库,因而该机制构成了集群企业的一大优势。可以认为,这种基于封闭系统的学习机制是利用式学习的一种形式,有利于集群既有知识和经验的传播、消化和吸收。当然,"自播"机制具有与利用式学习同样的局限性,即"自播"机制的利益有一定的"门槛"(threshold),一旦超过这个门槛,"知识同化"的效应就会显示出来,导致集群难以适应环境的非连续性变化,从而陷入能力陷阱。与此相关,"渠道"(global pipelines)机制构成了集群学习优势的另一重要来源,指的是企业与集群区域外企业的交流。Owen-Smith 和 Powell 的研究表明,接触新知识不仅依赖于本地互动,而且经常要通过跨区域战略伙伴。这一机制有利于集群摆脱已有的知识和经验的束缚,寻找全新的问题解决方案,因此可以看成探索式学习的一种形式。

与探索式学习和利用式学习间的关系一样,两种机制间存在着既互补又冲突的关系。一方面,集群的渠道联系越多,就会有越多的新知识被吸收到本地知识库,本地企业从"自播"机制中的获益就越多。另一方面,由于时间等资源的约束,集群需要平衡两者关系以进行双重学习。由于企业是行为主体,因此集群企业可以利用"自播"和"渠道"机制分别提升增量创新绩效和突破式创新绩效。据此,本章有如下假设:

假设 H5-1:集群企业通过探索式学习以提升突破式创新绩效。

假设 H5-2:集群企业通过利用式学习以提升增量创新绩效。

5.1.3 集群内、外部连接关系及其对学习行为的决定性

企业外部的网络关系是企业学习的重要资源,为其搜索和学习其他企业的经验和知识创造了机会。企业的学习活动具有网络"嵌入性"。学者们认为,在集群中,本地"自播"机制和外部"渠道"机制受到企业在集群内、外部的经济和社会联系的影响。可见,企业在集群内、外部的经济和社会网络关系为企业学习提供了特有的机会和优势。因此,本章对集群学习活动的结构基础的研究聚焦于企业外部网络的关系维度。

5.1.3.1 企业网络的关系维度对学习行为的作用

关系的强度、质量和连接关系都是影响知识传播和学习的重要关系维度,Granovetter 指出,关系强度对不同类型的知识传递和学习有不同的作用,强关系传递的知识多数具有可编码性和冗余性,而弱关系传递的知识是隐性的、异质性的。Uzzi 则强调关系质量或信任的作用,指出以信任为交易逻辑的嵌入性关系有助于挖掘知识的深度,而以理性计算为交易逻辑的市场关系有助于拓展知识的宽度;类似地,Uzzi 和 Spiro 将直接关系区分为正式和非正式关系,提出前者适合于传递公共知识,但对私有知识的传递具有抑制作用,而后者更适合传递私有知识。Granovetter 对强、弱关系作用的分析一个重要依据是两者连接关系的差异,由于强关系不能成为连接不同网络的桥梁,只有弱关系才有这个可能,这导致了两者对信息传递作用的差异;Burt 则直接认为跨越结构洞的桥关系(bridge ties)有利于非冗余的新颖信息的传递。此外,不同类型的连接关系还有其网络意义,两两连接关系较多的网络稠密度较高,富于桥关系的网络则稠密度较低。

5.1.3.2 集群内、外部连接关系的作用及集群结构双重性

根据以上分析,本章将结构研究的对象设定为企业外部网络,包括在集群所在地理区域内、外部的连接关系,并将关系强度和关系质量作为衡量连接关系的重要指标。企业在集群内部的连接关系包括基于竞争的横向连接和基于供应链合作的纵向连接,这两种连接可能会相互强化,形成基于交易和产品联系的稠密网络①。本地连接关系有利于本地"自播"机制的发展,同样构成了集群优势的来源。由于"自播"机制的利益可能会遇到"门槛",因此,克服本地连接局限性的方法是建立并加强集群外部连接关系,通过"渠道"机制为企业提供非本地的新颖知识。可见,连接关系为探索式和利用式学习提供了机会和约束,集群内部连接关系应该有利于"自播"机制的发展,外部连接关系应有利于"渠道"机制的发展。

这一推测还得到了相关的理论和实证研究的支持,如 Koza 和 Lewin 将企业间战略联盟区分为探索式和利用式两类战略联盟;Baum 等则明确地将组织从自己经验中的学习和从其他组织的学习分别作为探索式学习和利用式学习来处理;同样,Beckman 等将企业与新伙伴和现有伙伴的关系分别作为探索式和利用式学习的一种形式。依据这一逻辑,企业的集群内、外部连接关系应该分别有利于其利用式学习和探索式学习。关于集群的实证研究进一步表明,在更为侧重增加变化的高科技产业集群如光电子产业中,区外的商业联系比区内的更为重要,经济活动对本地的嵌入性较低;而在倾向于减少变化的行业如汽车工业中,则出现企业在地理上聚集,经济活动对本地嵌入程度增加的情况。在此基础上,本章提出"结构双重性"的概念,与前述创新和

---

① Moulaert F, Sekia F. Territorial Innovation models: A Critical Survey. *Regional Studies*, 2003, 37 (3).

学习双重性概念一致,结构双重性指集群通过平衡内部连接关系和外部连接关系的投资和利用,以促进集群的探索式和利用式学习及二者的协调。据此,本章提出如下假设:

假设 H5-3:集群企业的外部连接关系有利于探索式学习。

假设 H5-4:集群企业的内部连接关系有利于利用式学习。

由以上分析可见,企业外部网络的不同连接关系支持不同学习行为,不同学习行为又支持不同的创新绩效,不同连接关系的整合有利于不同学习行为的整合,不同学习行为的整合又有利于不同创新绩效的协同。Andriopoulos 和 Lewis 在企业层次的基础上提出,双重学习是一个多层次的"嵌套"系统。类似地,本章同样认为,集群的持续创新需要建立能够平衡两类创新绩效、学习行为和连接关系的多层次"嵌套"系统,如图 5-2 所示。

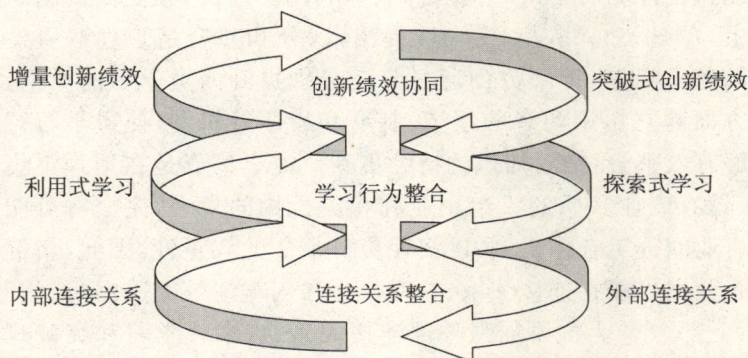

增量创新绩效	创新绩效协同	突破式创新绩效
利用式学习	学习行为整合	探索式学习
内部连接关系	连接关系整合	外部连接关系

图 5-2 集群持续创新的多层次"嵌套"系统①

————————

① Andriopoulos,Lewis. Exploitation-Exploration Tensions and Organizational Am-biclexterity:Managing Paradoxes of Innovation. *Organization Science*,2008,1,(22).

5.1.4 集群企业创新绩效生成路径

5.1.4.1 集群企业间分工合作机制

企业是集群创新活动的组织者。集群中的企业受到"有限理性"和资源稀缺性的制约,必须依赖于集群中其他企业才能生存和发展,因此在集群中专业化分工和协作是普遍现象。因此,一些企业可能聚焦于外部连接关系、探索式学习和突破式创新,另一些则聚焦于内部连接关系、利用式学习和增量创新,而结构、学习和创新双重性需要在企业间协作机制中实现。正如 March 所指出的,"发现一个合适的平衡点特别困难,因为平衡存在于嵌套系统中——个人层面、组织层面和社会系统层面。"Gupta 等同样认为,"在分工和资源分配的情况下,对集体、组织或更大的系统可能比个体更易于同时追求探索和利用。"因此,在更高的组织层次上,Andriopoulos 和 Lewis 提出,区分和整合是管理双重性张力的基本机制,即一方面通过分工分别提升两类学习的质量,另一方面建立协调两者的系统、制度和程序等机制,使得学习行为能够有效整合,推动知识的持续更新。由于集群是在地理上集聚的、具有产业联系的一组企业和相关机构的集合,完全有可能形成企业间分工合作机制,以实现集群整体的双重性,因此,集群中的企业很可能在连接关系、学习行为和创新绩效上采用"聚焦"策略,一部分企业主要加强外部连接关系、探索式学习和突破式创新,另一部分企业主要加强内部连接关系、利用式学习和增量创新,在此基础上通过企业间的协调和整合实现集群的持续创新。

5.1.4.2 企业网络的构造及企业在其中的位置

由于企业是创新的主体,因此集群结构、学习和创新的协调整合具有明显的自组织特点,往往形成介于市场和层级制之间的、具有一定层次性的组织方式。由于新知识根本上来源于外部,即全球的交流渠道,承担此任务的企业在与其他相关企业的协作网络中往往占据着相应的优势位置,但占据这一位置的企业还要具备一定的条件。Grabher 发现,建立和维持外部关系需要时间和努力,并且没有定期的联系和互动就不能持续维持这种外部关系。Bathelt 等同样提出,建立全球渠道需要有目的、有步骤和有系统地建立信任,并且认为由于这个过程需要大量投资,企业能够控制的渠道数量很可能与其规模成正比。因此,发展历史悠久、资源丰富的企业在时间、人员、资金、技术等方面具有优势,能够占据集群中的领导位置,探索集群外部的新知识和在集群内传播新知识。反之,集群中承担利用式学习任务的企业由于其地理区位优势,可以利用面对面交流的"自播"机制,以较低的成本学习到领导企业的新知识,由于在知识上依赖于领导企业,这些企业在协作网络中处于从属地位。

据此,与前一章一样,本章将该类集群中主要从事探索式学习和利用式学习的企业分别称为领导型企业和跟随型企业,并以研发投入数量作为两类企业的区分标准。前一章的研究已经表明,持续创新的集群中企业间关系网络结构具有"核心—外围"层次性,本章则进一步推测,领导型企业不仅在集群内部企业间网络中居于核心地位,而且建立有更多的集群外部连接关系,如关于意大利产业集群的研究同时表明,大公司为"桥企业",这些企业接触外部知识源,并将地区活动引入国际市场;核心企业使用外部知识的程度大大高于集群中的其他企业,而非核心企业则大量接受核心企业的知识扩散。因此,本章提出,领导型企业更加聚焦于集群外部连接关系和探索式学习行为以提升突破式创新绩效;跟随型企业更加聚焦于集群内部连接关系和利用式学习行为以提升增量创新绩效。据此,本章有出如下假设:

假设 H5-5:领导型企业主要进行探索式学习以提升突破式创新绩效。

假设 H5-6:跟随型企业主要进行利用式学习以提升增量创新绩效。

假设 H5-7：领导型企业主要通过集群外部连接关系以促进探索式学习。

假设 H5-8：跟随型企业主要通过集群内部连接关系以促进利用式学习。

从两类企业的连接关系、学习行为和创新绩效来看，可以认为在持续创新的集群中，领导型企业和跟随型企业应该处于不同的"小生境"①之中，其创新策略及创新绩效的来源和路径都不一样。两类企业均采取了"聚焦"的适应策略，领导型企业通过建立和加强集群外部跨越结构洞的连接关系来促进探索式学习，以巩固其领导地位，提升突破式创新绩效；跟随型企业则通过建立和加强集群内部的连接关系，来促进利用式学习，进而提升增量创新绩效。同时，两类企业间应具有更多的相互依赖和较少的竞争，其连接关系、学习行为和创新绩效的协同作用促进了集群整体的结构、学习和创新双重性。可以认为，在持续创新的集群整体上采用了"双重性"的适应策略。据此，本章进一步有如下假设：

假设 H5-9：领导型企业主要通过加强外部连接关系和探索式学习来提升突破式创新绩效。

假设 H5-10：跟随型企业主要通过加强内部连接关系和利用式学习来提升增量创新绩效。

5.2 实证研究方法和分析过程

5.2.1 样本采集和变量的测量模型

本章的抽样对象仍为前一章的领导型企业和跟随型企业的分类样本，选取这两个样本的原因在于其所在集群是具有长期生存能力的集群，能够更稳定地体现基于连接关系、学习行为的创

---

① 根据组织生态学的观点，不同小生境(niche)之间的企业对资源进行的竞争可能是冲突性的(conflictive)，也可能是合作性的(collaborative)"共生"关系。

新绩效生成路径。

　　由于本章假设所涉及变量都是难以直接观测的潜变量,所以仍使用多个指标来衡量这些潜变量。测量尽量采用现有文献已使用的成熟量表,同时注意吸纳最新的研究成果,并根据本章的研究背景予以适当修正,如表 5-1 所示。

表 5-1　变量的测量模型

潜变量	测量指标	问题描述
内部连接关系	V_1	企业间存在经常性交往
	V_2	企业间关系紧密
	V_3	企业间相互信任
外部连接关系	V_4	企业间存在经常性交往
	V_5	企业间关系紧密
	V_6	企业间相互信任
探索式学习	V_7	企业为实现长期发展而勇于冒险
	V_8	企业进行新的产品和工艺试验
	V_9	企业鼓励员工的创造活动
利用式学习	V_{10}	企业巩固已有市场确保收入稳定
	V_{11}	企业通过优化资源配置提高效率
	V_{12}	企业注重提高客户满意度
突破式创新绩效	V_{13}	企业拥有多项发明专利
	V_{14}	企业经常推出新产品和新服务
	V_{15}	企业的新产品具有很好的成长率
增量创新绩效	V_{16}	企业拥有多项实用新型专利
	V_{17}	企业的产品有明显的成本优势
	V_{18}	企业的产品质量得到客户认可

　　衡量创新绩效的指标主要参考了 Ahuja 对创新绩效的测量

指标，以及蒋春燕和赵曙明关于新产品绩效的量表[1][2]，考虑了专利、产品和服务等三个方面，确定了 $V_{13} \sim V_{18}$ 共 6 个指标。

以往对双重学习的衡量仅限于组织的管理系统，Andriopoulos 等基于案例研究提出双重性的管理体现在战略、结构和个体三个层次的嵌套结构，因此本章对探索式学习和利用式学习的衡量依据这三个层次，分别选择了 $V_7 \sim V_{12}$ 6 个指标。

内部连接关系和外部连接关系的量表根据 Tsai 和 Ghoshal[3]、Yli-Renko 等[4]和 Tiwana[5] 等测量关系维度较为一致的方法，考虑关系强度和关系质量两个方面，选择了 $V_1 \sim V_6$ 共 6 个指标。所有题项采用的都是 Likert 七级量表，1 代表"完全不符"，7 代表"完全相符"。

5.2.2 模型估计和评价

根据图 5-1 潜变量间关系的结构模型以及表 5-1 的测量模型，得到变量间关系总体的结构方程模型，如图 5-3 所示。本章分别以领导型企业和跟随型企业为样本，运用 AMOS7.0 统计软件，采用最大似然法来估计模型参数和变量间关系。

① Gibson C，Birkinshaw J. The Antecedents，Consequences，and Mediating Role of Organizational Ambidexterity. *Academy of Management Journal*，2004，47 (2).

② Gupta A，Smith K and Shalley C. The Interplay between Exploration and Exploitation. *Academy of Management Journal*，2006，49 (4).

③ Tsai W，Ghoshal S. Social Capital and Value Creation：The Role of Intrafirm Networks. *Academy of Management Journal*，1998，41 (4).

④ Yli-Renko H，Autio E，Sapienza H. Social Capital，Knowledge Acquisition and Knowledge Exploitation in Young Technology-based Firm. *Strategic Management Journal*，2001，22(6—7).

⑤ Tiwana A. Do Bridging Ties Complement Strong Ties? An Empirical Examination of Alliance Ambidexterity. *Strategic Management Journal*，2008，29.

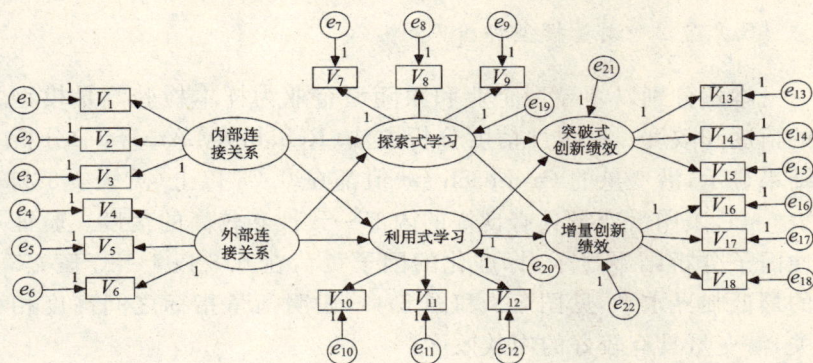

图 5-3   变量间关系总体模型

5.2.2.1   总体模型评价

分样本的总体模型拟合指数如表 5-2 所示,领导型企业为样本的模型卡方和自由度为 $\chi^2=168.9,\mathrm{d}f=126$,跟随型企业则为 $\chi^2=146.1,\mathrm{d}f=126,\chi^2/\mathrm{d}f$ 分别为 1.3,1.2,表明模型拟合效果都较好;统计量 $GFI,AGFI,NFI,RFI,IFI,TLI,CFI$ 基本都为大于 0.8 的可接受水平,并接近 1.0,拟合结果较好;且统计量 $RMSEA$ 分别为 0.069 和 0.036,也均为低于 0.08 的可接受水平,表明有较高的拟合优度。可见,总体模型得到了领导型企业和跟随型企业为样本的验证,表明总体模型可以接受。

表 5-2   总体模型的拟合度指数表

变量间关系 总体模型	χ^2	$\mathrm{d}f$	$\dfrac{\chi^2}{\mathrm{d}f}$	GFI	AGFI	NFI	RFI	IFI	TLI	CFI	RMSEA
以领导型企业为样本	168.9	126	1.3	0.807	0.739	0.873	0.846	0.964	0.956	0.964	0.069
以跟随型企业为样本	146.1	126	1.2	0.914	0.883	0.914	0.896	0.987	0.984	0.987	0.036

5.2.2.2 测量模型评价

本章分别以领导型企业和跟随型企业为样本检验测量模型的信度和效度。一致性信度分析方法（Reliability Analysis）分析结果显示，潜变量的 Cronbach's α 值都在 0.75 以上（见表 5-3 和表 5-4），表明潜变量具有良好的内部一致性和较高的信度。验证性因子分析结果显示，标准化的因子负荷在 0.6 以上（大于 0.5 的最低临界水平，见图 5-3 和图 5-4），表明衡量指标之间高度相关，潜变量具有较好的内敛效度。

表 5-3　以领导型企业为样本的测量模型效度检验

潜变量	Cronbach's α 值	内部连接关系	外部连接关系	探索式学习	利用式学习	突破式创新绩效	增量创新绩效
内部连接关系	0.84	0.87					
外部连接关系	0.86	−0.114	0.86				
探索式学习	0.99	0.132	−0.023	0.98			
利用式学习	0.92	−0.285	0.303	−0.040	0.89		
突破式创新绩效	0.79	−0.067	0.071	0.235	−0.009	0.75	
增量创新绩效	0.91	0.027	−0.005	−0.008	0.204	−0.002	0.87

表 5-4　以跟随型企业为样本的测量模型效度检验

潜变量	Cronbach's α 值	内部连接关系	外部连接关系	探索式学习	利用式学习	突破式创新绩效	增量创新绩效
内部连接关系	0.88	0.84					
外部连接关系	0.89	0.065	0.85				
探索式学习	0.79	−0.065	0.148	0.74			
利用式学习	0.78	0.085	0.082	0.006	0.76		
突破式创新绩效	0.84	−0.007	0.017	0.112	0.001	0.91	
增量创新绩效	0.94	0.009	0.009	0.001	0.108	0.000	0.86

各潜变量平均萃取变差 AVE（Average Variance Extracted）的平方根在 0.74 以上（见表 5-3 和表 5-4，各潜变量 AVE 平方根在表中以下划横线的数值表示），高于 0.707 的最低临界水平，同

样表明潜变量具有较高的内敛效度;且各潜变量 AVE 的平方根大于各变量间的相关系数,表明模型具有较好的判别效度。根据信度和效度检验结果,可以认为本研究的潜变量构造是合理的。

5.2.2.3　结构模型评价

总体模型拟合结果和结构模型中的潜变量间关系如图 5-4、图 5-5 和表 5-5 所示。可见,无论是领导型企业还是跟随型企业为样本的拟合结果中,内部连接关系与利用式学习、外部连接关

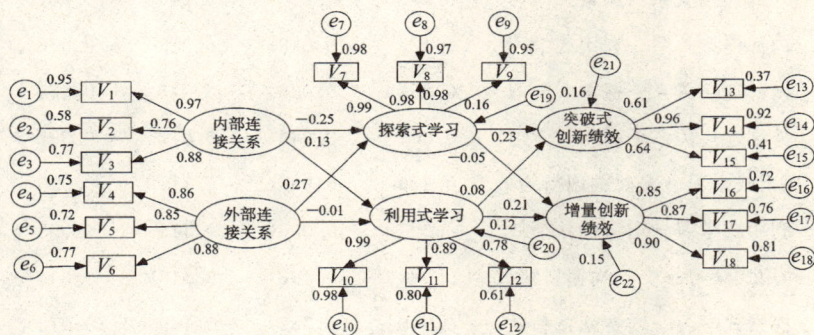

图 5-4　以领导型企业为样本的总体模型拟合结果

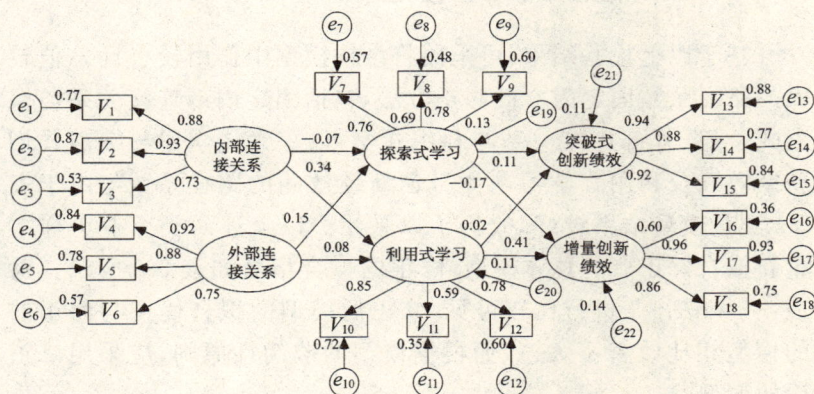

图 5-5　以跟随型企业为样本的总体模型拟合结果

系与探索式学习、探索式学习与突破式创新绩效、利用式学习与增量创新绩效的作用系数均较高，且具有较显著的水平，而其他路径关系或为负数或是 P 值较大。这一结果表明，可能存在更优的潜变量间关系模型，可对模型进行修正。

表 5-5　结构模型拟合结果

潜变量间关系	领导型企业为样本		跟随型企业为样本	
	路径系数	P 值	路径系数	P 值
外部连接关系→探索式学习	0.275	0.020	0.149	0.007
内部连接关系→利用式学习	0.129	0.028	0.343	0.078
内部连接关系→探索式学习	−0.254	0.026	−0.073	0.424
外部连接关系→利用式学习	−0.009	0.943	0.077	0.397
探索式学习→突破式创新绩效	0.229	0.069	0.111	0.026
利用式学习→增量创新绩效	0.208	0.006	0.414	0.093
利用式学习→突破式创新绩效	0.083	0.498	0.018	0.844
探索式学习→增量创新绩效	−0.046	0.713	−0.169	0.072

5.2.3　模型修正和假设检验

基于以上检验结果，可采用将结构模型中作用较小且 P 值较大的路径系数固定为 0 的修正方法，包括固定内部连接关系与探索式学习、外部连接关系与利用式学习、探索式学习与突破式创新绩效以及利用式学习与增量创新绩效间的路径系数。由于表 5-1 测量模型结果较好，故仍予以采用。以上述两类企业为样本重新拟合修正后的总体模型，修正的拟合指数如表 5-6 所示。对表 5-6 和表 5-2 进行比较可见，修正后模型的拟合优度与修正前的模型相比改善不大，然而根据模型的节约性原则，应采用修正后的模型。

表 5-6　修正的总体模型拟合度指数表

变量间关系 总体模型	χ^2	df	$\dfrac{\chi^2}{\mathrm{d}f}$	GFI	AGFI	NFI	RFI	IFI	TLI	CFI	RMSEA
以领导型企 业为样本	174.2	130	1.3	0.803	0.740	0.869	0.846	0.963	0.956	0.962	0.069
以跟随型企 业为样本	151.0	130	1.2	0.911	0.883	0.911	0.896	0.987	0.984	0.986	0.032

　　根据修正后的总体模型拟合情况,可验证本章假设。图 5-6、图 5-7 和表 5-7 为变量间关系的拟合结果和潜变量间关系的假设验证情况。

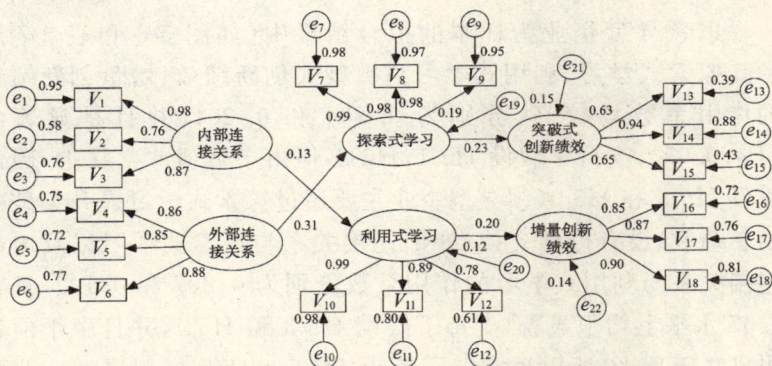

图 5-6　领导型企业为样本的修正模型拟合结果

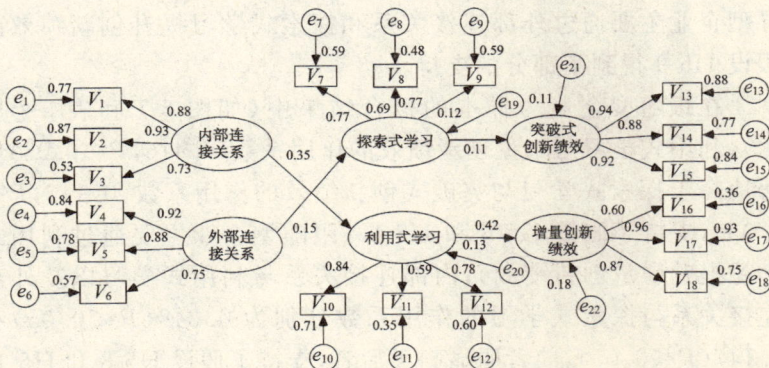

图 5-7　跟随型企业为样本的修正模型拟合结果

表 5-7　结构模型拟合结果及假设验证

潜变量间关系	领导型企业为样本				跟随型企业为样本				假设验证	
	系数	P 值	假设	结果	系数	P 值	假设	结果	假设	结果
探索式学习→突破式创新绩效	0.234	0.036	H5-5	不支持	0.112	0.019	H5-6	支持	1	支持
利用式学习→增量创新绩效	0.204	0.010	H5-9	不支持	0.416	0.038	H5-10	支持	2	支持
内部连接关系→利用式学习	0.133	0.026	H5-7	支持	0.348	0.034	H5-8	支持	3	支持
外部连接关系→探索式学习	0.307	0.012	H5-9	支持	0.147	0.011	H5-10	支持	4	支持

　　以领导型企业为样本的拟合结果中(如图 5-6 和表 5-7 所示)，探索式学习、利用式学习与突破式创新绩效、增量创新绩效的作用系数均较高，分别为 0.234 和 0.204，并且是显著的($P<0.05$)，支持了假设 H5-1,H5-2,但由于数值非常接近，因此假设 H5-5 和 H5-9(领导型企业主要通过探索式学习提升突破式创新绩效)没有得到支持；外部连接关系与探索式学习以及内部连接关系与利用式学习的作用系数分别为 0.307 和 0.133，且在 0.05 水平上均很显著，支持了假设 H5-3 和 H5-4，并且由于前者明显高于后者，所以也支持了假设 H5-7 和 H5-9(领导型企业主要通过外部连接关系促进探索式学习)；综合这两个方面，关于领导型企业主要通过外部连接关系和探索式学习提升创新绩效的假设 H5-9 得到了部分的支持。

　　在跟随型企业为样本的拟合结果中(如图 5-7 和表 5-7 所示)，利用式学习与增量创新绩效的作用系数($0.416,P<0.05$)显著地高于探索式学习与突破式创新绩效的作用系数($0.112,P<0.05$)，支持了假设 H5-6 和 H5-10(跟随型企业主要通过利用式学习提升增量创新绩效)；内部连接关系与利用式学习以及外部连接关系与探索式学习的作用系数分别为 $0.348(P<0.05)$ 和 $0.147(P<0.05)$，前者明显高于后者，支持了假设 H5-8 和 H5-10(跟随型企业主要通过内部连接关系促进利用式学习)。此外，由

于这 4 条路径的系数都是显著的正向关系,与领导型企业一样支持了假设 H5-1,H5-2,H5-3,H5-4。综合这两个方面,关于跟随型企业主要通过内部连接关系和利用式学习提升创新绩效的假设 H5-9 得到了全面的支持。

进一步综合领导型企业和跟随型企业为样本的验证结果,关于企业内部连接关系和外部连接关系分别促进利用式学习和探索式学习以及外部连接关系和内部连接关系分别促进探索式学习和利用式学习的假设 H5-1,H5-2,H5-3 和 H5-4 也得到了全面的支持。

5.3　研究结论和启示

结构和学习行为都是集群创新生成的动力来源,企业在外部网络中通过聚焦于集群外部连接关系或内部连接关系以及探索式学习或利用式学习,分别提升其增量创新绩效或突破式创新绩效,而企业间连接关系、学习行为和创新绩效的协同作用促进了集群整体的持续创新。本章通过实证检验和比较对研究假设予以证明,具体研究结论和启示如下。

5.3.1　研究结论

(1) 集群企业的内、外部连接关系,分别是支持集群企业利用式、探索式学习行为的结构基础,并通过两种学习行为分别作用于集群企业的突破式创新绩效和增量创新绩效。

实证研究的结论显示,在该集群中领导型企业和跟随型企业的内、外部连接关系分别对利用式学习和探索式学习有显著的正向关系(作用系数分别为 0.133,0.307 和 0.348,0.147),表明集群企业的内、外部连接关系是其学习行为的结构基础。同时,无论是领导型企业还是跟随型企业,它们的探索式学习都提升了突破式创新绩效,利用式学习都促进了增量创新绩效(作用系数分别为 0.234,0.204 和 0.112,0.416)。由此可知,集群企业的外部连接关系都通过探索式学习生成突破式创新绩效,集群企业的内部连接关系都通过利用式学习生成增量创新绩效。

（2）集群中的领导型企业通过双重学习行为生成突破式创新绩效和增量创新绩效;跟随型企业则侧重通过利用式学习来生成增量创新绩效。

研究结果显示,领导型企业不但通过探索式学习来提升突破式创新绩效,而且也注重通过利用式学习来提升增量创新绩效（作用系数分别为 0.234 和 0.204,差异不大）,可见领导型企业在学习行为上采用的是"双重性"的适应策略。原因可能有两个:一是领导型企业往往具有技术、资金和规模优势,能够动员更多的资源进行双重学习;二是样本所在化工行业的技术已较为成熟,引进、消化和吸收国外先进技术和设备仍是众多大型企业生成创新绩效的重要方式,故仍需大量参与利用式学习。研究结果同时显示,跟随型企业更为注重通过利用式学习来提升增量创新绩效（作用系数分别为 0.416 和 0.112,有显著的差异）,其原因可能有两个,一是其更多地受到资源限制,难以建立协调不同学习行为的机制;二是其利用式学习的能力还不强,对新知识的消化、吸收和利用仍需要领导型企业的帮助。

（3）集群企业通过两条"结构—行为"路径生成创新绩效:内部连接关系→利用式学习行为→增量创新绩效、外部连接关系→探索式学习行为→突破式创新绩效。领导型企业同时利用这两条路径生成创新绩效,但与跟随型企业相比,其更为专注于后一条路径;跟随型企业则主要通过"内部连接关系→利用式学习行为→增量创新绩效"生成创新绩效。二者通过突破式创新和增量创新的分工协作,共同生成集群创新绩效。

研究显示,跟随型企业的内部连接关系、利用式学习和增量创新绩效的作用系数均较高(分别为 0.348 和 0.416),而其外部连接关系、探索式学习和突破式创新绩效的作用系数均较低(分别为

0.147和0.112),这表明跟随型企业更为侧重"内部连接关系→利用式学习→增量创新绩效"这条路径。而领导型企业"内部连接关系→利用式学习→增量创新绩效"和"外部连接关系→探索式学习→突破式创新绩效"的路径系数都较高(分别为0.133,0.204和0.307,0.234),表明领导型企业同时利用这两条路径生成创新绩效,但与跟随型企业相比,领导型企业更偏向于后一条路径。可见两类企业在连接关系、学习行为和创新绩效上存在一定的分工和互补性。据此,两类企业之间存在着协同作用,促进了集群整体的创新绩效生成。

5.3.2 管理启示

(1)提高我国制造业集群创新能力,需要集群中的领导型企业加强有利于探索式学习的外部连接关系的构建,通过促进内、外部连接关系的协同,支持探索式学习和利用式学习行为,生成突破式创新绩效和增量创新绩效。

在我国不同区域形成的制造业集群,主要包括以下两类:基于当地的产业基础、政府政策扶持,形成的内生型传统制造业集群,以及基于外商投资、国际产业转移而产生的外生型制造业集群,它们均面临转型升级和提高创新绩效的迫切需求。对传统制造业集群而言,经过30余年的发展,集群中已涌现出一定数量的领导型企业。这些领导型企业应通过构建与集群外行业领先企业的创新合作、战略联盟等连接关系,以及与集群内中小型跟随企业的配套、协作等内部连接关系,使自己成为集群内外新知识创造、信息流动和整合探索式学习和利用式学习行为的"Hub"(焦点、轴心),推动集群创新;对外生型制造业集群,同样需要集群中的领导型企业增强与集群区域内、外部外资企业间的交流和创新合作,建立联合研发、知识共享等内、外部连接关系,强化探索式学习和利用式学习行为,才能提高集群创新绩效,促进集群升级。

(2)集群中的跟随型企业应建立和加强与领导型企业的内

部连接关系,提升利用式学习的能力,促进增量创新绩效的生成。

集群中的跟随型企业一是要建立和加强与集群内领导型企业的内部连接关系,并适时推动这种关系向更高水平发展,以获得更多的利用式学习机会;二是要专注于利用式学习能力的培养,提升专业化水平以及产品、服务质量,协助集群中领导型企业迅速消化、吸收和利用所获取新知识,并通过不断生成的增量创新绩效弥补和克服自身资源不足的限制,获得市场中的竞争优势,实现持续的创新和成长。

(3)政府应积极培育集群内的领导型企业,并注重发挥领导型企业和跟随型企业各自的创新优势,促进彼此间的创新协作关系的形成,提升集群整体创新绩效的生成效率。

作为集群中"看得见的手",地方政府对集群创新起着重要的组织管理作用。基于不同类型集群企业的创新功能,地方政府应制定具有针对性和系统性的政策和策略,不仅能缓解当前中国制造业集群产能过剩和低水平价格竞争的发展困境,而且促进企业间创新协作的长效机制的建立。地方政府既要注重培育一批领军企业,推动这些企业向品牌、研发和营销等价值链高端环节发展,还要大力孵化具有增量创新能力的中小型企业,促进其发展壮大;既要帮助领导型企业建立集群外部连接关系,还要加强集群中两类企业间的内部连接关系,推动中小企业进入大企业的产业链,形成与大企业的协作关系;既要制定措施激励大企业进行研发和突破式创新,还要从资金、技术、人才、法律等方面支持中小企业发展增量创新能力,引导和平衡不同类型企业的连接关系、学习行为和创新活动,促进企业间形成良好的创新协作机制,提升创新绩效的生成效率,推动集群的转型升级。

5.4 本章小结

本章分别从集群企业在集群内、外部的连接关系以及探索式学习、利用式学习的角度出发,研究集群企业创新绩效的结构和行为来源:将集群中的企业分为领导型和跟随型,研究两种类型企业建立的集群内部连接关系和外部连接关系,以及集群企业的探索式学习和利用式学习行为,如何影响其创新绩效,并揭示集群企业的内、外部连接关系与探索式学习、利用式学习行为在决定创新绩效过程中的功能和作用。本章以六合化工产业集群的企业为样本,运用结构方程模型进行了分类检验和比较。研究发现,集群企业的内、外部连接关系是探索式、利用式学习行为的结构基础,并通过探索式、利用式学习行为影响其创新绩效;领导型企业通过双重学习提升创新绩效,跟随型企业则侧重于利用式学习来提升增量创新绩效;领导型企业和跟随型企业提升创新绩效的路径存在差异,集群整体创新绩效的提升依赖于二者在结构、学习行为和创新绩效三方面的协同作用。

本章有以下两个方面的贡献:一是在集群背景下提出了一个新的研究框架和逻辑,揭示了企业外部网络影响创新绩效的内在机制和路径,将企业外部网络提升到企业和集群发展的战略位置;在"学习双重性"的基础上,提出了"创新双重性"和"结构双重性"的概念,拓展了双重性的研究空间,因此该项研究有利于社会网络和战略管理两方面工作的融合。二是通过对领导型企业和跟随型企业提升创新绩效机制的实证分析,发现集群企业一定程度地采用了"聚焦"于特定路径的适应策略;同时两类企业在"聚焦"路径上的差异反映了二者的分工和互补关系,表明在集群整体上采用的是"双重性"的适应策略,这一研究成果有助于集群对企业创新活动的协调,以改善集群的创新绩效,包括引导集群结构的调整,促进企业对网络资源的投资与利用,协调和整合企业的学习行为,发挥不同类型集群企业的作用。

本章的研究对象是能够进行持续知识创新的集群,调研样本也源自具有长期生存能力的产业集群,集群内企业间已形成了分工合作的关系,其企业网络结构具有优化的特征。但在集群的不同成长阶段、不同环境条件下,具有环境适应性的企业网络结构的特征具有广泛的差异。因此,需要进一步研究:在集群成长的不同阶段企业采取什么样的学习策略,其组织结构具有什么样的特征,企业间存在着怎样的分工协作关系;在集群成长不同阶段的转变过程中企业学习策略,进一步嵌入的企业网络如何演化和变革。这些是下一章的主要研究问题。

6 集群成长过程中企业网络演化机制研究

　　集群成长往往是由小到大、由弱到强的过程,在这一过程中,集群所处的环境将发生大大小小的变化,集群的学习策略需要随之进行相应的调整,并可能伴随着更为根本的和决定性的变化——企业外部网络的转型和变革,以适应环境变化。前两章已经研究了促进集群创新的优化的学习策略和连接关系选择,但不能解决集群成长不同阶段应采用什么样的学习策略和结构问题,不同阶段的转变过程中,集群应如何进行学习策略的调整问题以及更为根本的结构转型和变革以适应环境变化的问题等。因此,本章集中研究集群成长过程中企业网络的演化机制,本章中的企业网络指的都是企业外部网络。

　　现有关于集群成长的研究大多将集群成长描述为规模和数量上的扩张过程,这种扩张总体上可分为内向维度和外向维度的扩张。但相关研究表明,仅注重规模和数量扩张的集群经常会陷入发展困境,即便非常成功的集群也不例外。本书认为,这种将集群成长仅看成是规模和数量上的扩张过程的观点忽略了环境的影响。与此相关,关于集群成长阶段的研究大多是从生命周期的角度进行的,如波特将产业集群的生命周期分为诞生、发展和衰亡三个阶段,其他类似的研究也将集群发展历程归结为从产生到灭亡的不同阶段。本书认为生命周期的角度是假设产业集群像生物体一样被动地适应环境,并最终会由于不适应而灭亡。但生命周期的假设并不必然成立,集群不必被动地适应环境,它们可以对现有环境和未来环境性质进行一定程度的认知,并能够基于这一认知提前进行能力的调整以及更为根本的结构转型,形成动态适应能力和系统,既能够满足当前环境需要,又能够迅速适应未来环境的非连续性变化,从而避免能力僵化的陷阱。

从复杂系统演化理论角度看,产业集群的成长与企业外部网络的整体结构与态势在不同成长阶段的演化高度相关,相关研究也逐步深入到集群成长背后的组织结构演化研究,如 Garofoli 将集群发展分为区域生产专业化阶段、地区生产系统化阶段、区域系统化阶段等三个阶段,类似地,其他相关研究从企业网络的视角把集群生命周期加以区分。这些相关的研究为集群成长研究指出了重要的方向,但这类研究大多是相关性研究,且对于企业网络结构的演化与集群成长的内在作用关系缺乏更为清晰的分析。前面已经讨论了集群的创新、学习和连接关系的"双重性"方案和机制,本章在环境适应性背景下将进一步研究采用不同学习策略的集群成长路径,并深入到集群学习所嵌入企业外部网络构造,研究集群成长过程中更为根本性和决定性的变化——企业网络的演化;最后进行案例分析和比较"苏南模式"和"温州模式"向"新苏南模式"和"新温州模式"的成长过程中企业外部网络的演化过程。

6.1 集群成长的本质及路径

6.1.1 集群的规模扩张

"成长"概念首先表现为规模和数量的增加,是组织内部变化的一系列相互作用的结果,具体比如规模、产出、销售增长。从集群成长的现象和结果来看,集群的规模和数量扩张总体上包括了区域内向和外向两个维度。

6.1.1.1 集群内向维度的扩张

内向维度又可分为横向和纵向两个维度,集群的横向维度由集群内生产相似产品并相互竞争的企业构成,这一维度在集群成长和专业化的早期发挥着决定性作用,是嵌入集群之中的企业获取竞争优势的重要来源。在这一阶段,企业间的激烈竞争是创新的重要激励因素,竞争企业之间不需要有紧密的关系,但可以通过共同的地理区位了解到竞争者的产品特点和所使用的生产要素情况。当竞争企业发展到一定规模时,开始出现专业化的供应商、服务商和零售商,集群成长的纵向维度开始展开。集群成长的纵向维度由生产商、供应商和客户等具有互补关系的企业构成。一旦建立了纵向维度的专业化分工,集群中的生产企业就倾向于利用专业化服务以降低成本、提升效率。这样反过来激励供应商在地理上靠近这些生产企业,以获得规模经济效应,包括节约交易成本和运输成本。可以预测,由于这一联系的加强,集群会发展出基于交易和产品联系的稠密网络。在这一阶段,集群的扩张可能在横向和纵向维度同时展开,并形成相互强化作用,实质性地提高生产和服务的水平。在内向维度上还会形成基于本地面对面交流的本地化能力和学习优势,即"自播"(local buzz)机制。

6.1.1.2 集群外向维度的扩张

集群的空间发展并不必然是封闭的内向维度,区域内企业与区域外企业在外向维度上的互动对本地集群成长同样具有重要作用。如 Owen-Smith 和 Powell 将集群内企业与集群外部的联系称之为"渠道"(global pipelines),指的是跨区域或跨国的联系。他们对波士顿生物技术集群的研究表明,接触新知识不仅是本地互动的结果,而且经常要通过跨区域和跨国的战略伙伴,集群中的企业不仅嵌入于本地,而且嵌入跨区域的分散空间中。同样,纽约的服装产业区不仅形成了由设计商、生产者和供应商以及时尚杂志、时装表演等的专业化集群,而且依靠其设计方面的领导地位吸引了全世界的设计商和其他创新源,纽约的服装生产商不需要离开城市去寻找新的知识源。硅谷也是内向维度和外向维度两方面整合较好的例子,硅谷在区域内建立了合作和知识共享的模块化生产网络,同时,又通过与美国国内和国际信息产业网络的联系,掌握着市场方面的大量信息,使硅谷成为全球信息产业的"Hub"。可见,就知识优势而言,在"自播"和"渠道"之间可能存在着相互强化关系,即集群企业建立的跨地域联系越多,就会有越多的关于市场和技术的知识被吸收到集群企业之间的网络中,本地企业从"自播"机制中的获益就越多。

6.1.2 环境对集群成长的影响

6.1.2.1 环境假设以及集群成长的本质

集群地域在内向维度和外向维度上的规模和数量扩张构成了集群成长的外在过程,包括了要素(如劳动力、资金、设备等)的增加,企业数量、企业间连接关系数量的增多,技术知识存量提升以及地域范围的扩张等。但仅仅从成长结果的角度很难完全理解集群成长的本质,相关研究表明,企业不同维度的发展都可能取得成功,也都可能陷入能力僵化和路径锁定的陷阱。如一度在规模上高速扩张的基于外向维度的美国马塞诸塞州 128 公路的IT 集群和基于内向维度的德国鲁尔工业区以及意大利普拉托产业区的发展都曾经历过惨痛的失败,甚至陷入长期停滞和要素解体的发展困境。

这样一种扩张过程是建立于不存在环境影响的假设基础上的,这种情形也仅在集群适应环境的条件下成立,而一旦环境条件发生较为剧烈的变化,基于以能力和结构的规模和数量扩张为内容的成长就可能遇到困难。因此,本研究认为,不能仅仅从规模和数量扩张的角度理解集群成长现象,集群成长是集群在与环境的相互作用中借助创新构建起组织与环境桥梁的适应过程,集群创新背后的能力积累和更新、学习策略的调整以及组织结构的演化是集群成长的本质。因此,探索集群成长过程中环境条件的变化、学习策略的调整以及更为根本的结构演化是揭示集群成长的本质所在。

6.1.2.2 环境的非连续性变化和周期性变化特征

环境的特点在于具有变化性,在一定环境下适用的经验和知识在环境变化之后就会失灵。并且环境具有周期性变化的特征。Tushman 和 O'Reilly 将较为剧烈的环境变化称为环境的"非连续性变化"(discontinuous changes)。非连续性变化有以下两个直接来源。

一是集群的成长本身所带来的变化。如集群最初可能围绕单一产品通过横向和纵向维度的发展,形成本地的输入输出系统;随着集群的成长,市场规模的变大以及区域间竞争的日趋激烈,集群不可避免地要进入新的市场,要从单一产品生产扩大到多产品生产,必然需要战略、结构、文化等方面的相应调整;而随着产品种类的成熟,竞争的基础从早期阶段的产品变化转变为效率和成本竞争,集群必须进行调整,以应对环境变化的挑战。

二是更为基础的产业技术背景的周期性变化。技术周期开始于新产品或新服务被市场所接受而引发的产品或服务的大量创新,此时集群面对的是新产品和新服务的创新竞争;在某一时间点,一种技术、产品和服务组合将发展为"主流设计"(dominant design),成为客户的选择标准;在"组织同构"(organizational isomorphism)的压力之下,集群必须容纳主流设计,进行专业化和标准化的生产,以降低成本、获取竞争优势。

除成长和主流设计这两个因素外,行业管制政策、经济政治环境都可能直接或间接地影响集群战略、结构和文化,如 2008 年的金融危机就是一种影响实体经济的宏观环境变化。基于环境周期性变化的本质,集群不仅要基于已有能力和结构进行利用式的行为调整以满足当前环境压力的要求,而且要进行更为根本的能力调整即探索式学习,以适应未来的非连续性环境变化。

6.1.3 采用不同学习策略的集群成长路径

6.1.3.1 进行利用式学习的集群成长路径

如果集群没有提前对环境的非连续性变化做好准备,并进行能力的调整,而是根据现有的环境压力进行行为的调整和纠正,这种学习和适应就是利用式学习,也可以看成"单环学习"的一种形式。由于环境变化都具有周期性特征,仅进行利用式学习的集群成长在时间维度上将呈现出非常陡峭的"S"形曲线的发展路径。由于集群能力对已有环境的适应性,关于技术和市场的知识和经验在集群与市场的互动中得以积累,带来了技术和产品的增量创新和成本的降低,而成本的降低又带来更大的市场份额,反过来又促进技术的提升和成本的降低,这种自我强化和正反馈效应使得集群稳定成长。拐点出现在非连续性的环境变化的时点,这时关于技术、产品、市场和服务等方面的已有知识和经验失灵,集群往往陷入市场萎缩、企业倒闭、人员和设备闲置的萧条境地。集群要适应这种脱离已有知识和经验的全新环境,摆脱萧条困境,就要进行艰难的更为根本的能力调整。而一旦调整成功,新的能力被主流设计所容纳,集群又将进入稳定增长的轨道。如德国的鲁尔工业区就经历了这样一种典型的陡峭的"S"形成长路径。

这种成长路径的特点是具有震荡性甚至是毁灭性,在前期对能力的利用越是充分,获取的利益就越多,在非连续性环境变化面前能力调整的困难就越大,甚至可能出现生产要素解体和产业空心化等极端的情况。在实践中,我们经常发现最成功的企业或集群往往会盛极而衰,比如美国半导体行业的早期领导者史普拉格电子公司(Sprague Electric)长期局限于电子化学方法的晶体管技术的研发和生产,导致其无法适应该行业技术迅速的变化而解体,128公路同样曾经是半导体行业的领头羊,但由于不适应行业技术快速变化而陷入停滞。可见,仅进行探索式学习容易引起集群能力僵化,导致集群调整困难,集群发展往往大起大落,严重的甚至可能解体。

6.1.3.2 进行双重学习的集群成长路径

生物体往往通过偶然的功能变异适应环境的非连续性变化,但这种进化的代价是巨大的,要经过成千上万次的实验。与生物体不同,人类及其组织具有一定程度的对环境性质的认知能力,并能够根据对现有环境和未来环境的认知提前进行能力的调整,培育持续创新和动态适应的能力。同样,集群可以根据对环境周期性变化的认知,预先进行能力的调整和纠正以适应环境的非连续性变化,避免单纯进行利用式学习的陷阱,本书将这类根本性的调整称为探索式学习,Argyris 将此类涉及根本性变革的学习过程称为"双环学习",以区别于单环学习。

为满足当前环境需要,又能适应未来的非连续性环境变化,集群需要同时进行探索式学习和利用式学习,即进行双重学习。前一章已经指出,持续适应环境变化要求集群培养基于企业间分工合作的创新、学习和连接关系的双重性"嵌套"系统。本章进一步提出,企业间分工整合的程度和方式受到环境条件的影响,集群应根据现有的环境特点和未来非连续性环境变化的性质调整其行为和能力,在获得当前利益和规避未来风险之间寻求最佳的平衡点,这就要求"嵌套"系统具有动态性。这种调整越是成功,集群成长就越具有持续性,成长的路径从总体上来说就会更为平缓。半导体行业中成立于 1928 年的摩托罗拉公司坚持在多个产品市场都建立一定的地位以获取必要的利益,但避免在某个市场投入所有的资源来保持领先地位,这就使其不必完全依赖任何一个产品市场,并能够根据市场变化较为灵活地改变产品系列,使得摩托罗拉公司经受了多次环境突发性变化的考验,在市场中能够取得持续的成功。

6.1.3.3 不同集群成长路径的比较

由以上分析可知,如果集群没有考虑环境的周期性变化,采用利用式学习的策略,那么集群的发展过程可能呈现为非常陡峭的"S"形曲线,在成长前期具有较大竞争力和高度适应性的集群在非连续性变化时点后可能将经历更长时间的艰难调整过程,甚至可能解体,如图 6-1 中的"利用式学习的集群成长路径"曲线所示;如果集群提前为环境非连续性变化做准备,那么集群的发展过程就表现为更为平缓的"S"形曲线,集群能力的调整时间和调整难度将变小,虽然在非连续性变化的前期取得的利益相对于仅进行利用式学习来得更少,但能够更快地适应环境变化,如图 6-1 中"双重学习的集群成长路径"曲线所示。

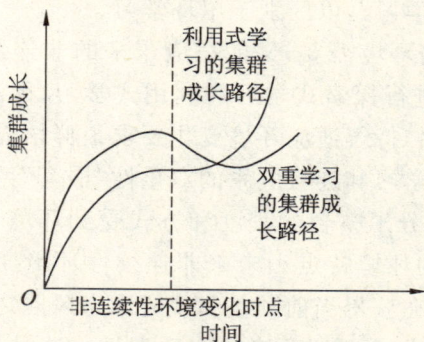

图 6-1 采用不同学习策略的集群成长路径

值得注意的是,集群成长过程是一个由小到大、由弱到强的过程,需要经历多个这样的周期性阶段。在每个发展阶段,集群都要在这两种学习策略及其成长路径之间做出选择,并且由于每个发展阶段所面临的环境周期性变化特点存在差异,且不同集群的环境条件不一样,集群在获取当前利益和规避未来风险之间寻求的平衡点也不一样。如在技术变化较为缓慢的水泥、钢铁等行业中,集群更倾向于减少成本、获取当前利益,以在行业中竞争;

而在技术快速变化的行业中，如信息技术、医药等，集群更应大量投资于研发以规避未来风险。因此在集群成长的不同阶段集群学习平衡点的选择将决定集群发展总的成长路径。

6.2 企业网络的演化机制

由于集群的学习进一步嵌入到企业网络之中，因此集群在不同成长阶段的转变过程中会涉及更为根本性和决定性的变化——企业网络的演化。集群的学习受到包括连接关系和更为宏观的网络构造的约束和影响，集群成长过程中环境的非连续性变化和周期性变化不仅要求集群学习策略的调整，而且要求企业网络结构的转型和变革。第 3～5 章已经对网络结构中的关系维度进行了详细的研究，本章进一步深入到结构维度。在关系和结构两个维度间的关系上，一方面，连接关系选择具有结构嵌入性，如 Rowley 等指出，企业对连接关系的选择依赖于其如何结构性地嵌入网络中；另一方面，与关系维度较为直接的作用相比，虽然企业网络构造对企业和集群学习的影响更为间接，但这种作用更为根本和长远。如 Cross 和 Sproull 的实证研究表明，两两连接较多的企业间稠密网络有利于培育企业间的信任和获取社会资本，但过度的相互作用也会导致知识的同质化，产生锁定效应，从而降低企业的创新和学习能力；Burt 则指出，富于结构洞的松散网络为企业获取异质信息和知识以及改善企业网络整体的信息、知识结构创造了机会。本章将企业网络结构在时间维度上的变化称为企业网络演化，并将较不剧烈的变化更多称为企业网络转型，将变化剧烈的企业网络演化称为企业网络变革。

6.2.1　企业网络的类型

6.2.1.1　企业网络的分类标准及基本类型

企业间连接关系的分布形成了具有不同特征的企业网络构造,可通过两个特征值来描述:由企业在集群内外形成的关系数量和关系强度所决定的网络稠密度,以及由直接连接关系和间接连接关系所形成的结构洞数量[①]。企业网络的稠密度越高,结构洞数量就越少;反之,则结构洞数量越多,相应的,企业的网络结构越松散。根据集群企业间的分工合作方式,本章区分了 4 种较为典型的企业网络类型:一是集群通过企业内部的分工合作追求双重学习,而不依赖于企业外部网络,企业在集群内、外部的连接关系均较少,企业网络具有"原子式"特征;二是集群企业间发展以利用式学习为内容的合作网络,同时可能依赖于区域外企业或集群的知识探索,企业网络有较多的本地连接关系,具有稠密网络的特征;三是企业发展以探索式学习为内容的合作网络,而通过其他区域外企业或集群利用知识,该类网络不会局限于本地,应具有较多跨越结构洞的集群外部连接关系和松散网络的特征;四是集群企业分别发展探索性学习或利用式学习为内容的网络,一部分企业可能建立较多的集群外跨越结构洞的连接关系以接触新知识,另一部分企业可能注重加强与前者的集群内部连接关系以利用新知识,通过连接关系的分工合作形成了基于双重学习的企业间协作网络。

6.2.1.2　基于不同类型企业网络的集群成长特征

企业网络构造与集群特有的学习、创新和成长方式高度相关。第一类网络的集群发展依赖于更低层次的企业内部的双重学习,受到企业自身资源约束性的限制,难以持续创新和成长。

---

① 梅丽霞,柏遵华,聂鸣:《试论地方产业集群的升级》,《科研管理》,2005 年第 5 期。

这方面的典型例证是美国马塞诸塞州 128 号公路的发展过程。第二类企业网络的集群能够进行利用式学习和增量创新,但可能形成路径依赖,无法支撑探索式学习和突破式创新以适应环境的非连续性变化。意大利普拉托产业区的发展结果就是这一类型企业网络形成路径依赖和陷入创新陷阱的前车之鉴。第三类网络处于能够获得高利润、高附加值的具有控制力的位置,一般是全球价值链中居于高端的跨国企业间研发和营销等的合作网络,但这类网络往往面临着跨文化的管理协调问题,对知识的利用较为困难。如 Holbrook 等对美国半导体行业的案例研究表明,那些将研发和制造在空间上过度分离的企业,缺乏持续利用知识的能力,最终在激烈的竞争中失败。第四类企业网络通过集群内企业间的分工合作进行双重学习和持续创新,既能克服企业的理性和资源限制,又不受制于其他集群的束缚,能够避免路径锁定和创新陷阱。如美国硅谷内部存在着企业间的"稠密网络",同时企业与外部存在大量跨越结构洞的联系,硅谷成为全球信息产业网络的"Hub",使其能够进行双重学习和持续创新,保持着持久的竞争力。

6.2.2 企业网络的成长环境及企业网络转型

6.2.2.1 企业网络所适应的成长环境

可以说不存在普适的企业网络类型,任何现实的网络类型都是一定环境条件下集群适应的结果,不同企业网络类型所适应的环境条件是不一样的。不难推测,前三类企业网络在一定的环境条件下都能够得到发展,并促进集群的成长,这些环境包括新开辟的市场、集群发展的初期、进入壁垒较高的行业、技术变化较为缓慢的行业、政府保护行业或垄断行业等。

比如,具有第一种网络特征的美国 128 号公路成为半导体行业的先行者,一定程度上得益于占据了首创性所带来垄断地位;

具有第二种网络特征的意大利普拉托产业区的发展则得益于政府采用扶持中小企业的保护政策,同样,众多发展中国家在产业发展的初级阶段也会发展这类网络,从事价值链低端的利用式学习活动;第三种网络中跨国企业往往集中在技术变化速度较慢或是需要大量固定资产投资进入壁垒较高或是握有他人难以模仿的核心技术的行业,如汽车、飞机、计算机、医药等。

与前三类网络相比,第四类企业网络能够快速进行知识更新,更适用于处在技术迅速变化、市场竞争激烈的环境之中的集群,硅谷所处的环境就具有这样的特征。半导体行业的变化速度是惊人的,已经彻底改变了人们的生活方式,并且随着全球经济一体化的推进,国家、区域间的竞争日趋激烈,要求进行快速的知识更新,硅谷的成长正是在这样的背景之中实现的。

6.2.2.2　环境变化所带来的企业网络转型

总体而言,在全球化日益加速的今天,技术变化的速度和市场竞争的程度都是前所未有的,任何国家、行业和企业都不可能避免受到全球化力量的影响。在这样全新的环境条件下,前三类企业网络都应需要转型,形成接近于第四类企业网络,以提升集群的竞争力,免遭淘汰。转型的难度和时间与集群对这些网络的嵌入程度成正比,在集群成长的前一阶段越是拘泥于这三类企业网络,在后一阶段则越难以适应新环境,转型和变革的难度越大,时间也越长,甚至可能导致生产要素解体、流失和产业空心化。

如128号公路20世纪六七十年代快速成长,领先于硅谷成长为半导体行业的先驱,成功加深了对"原子式"大企业的依赖,因此在该行业快速的技术变化和竞争环境的变化面前,从20世纪八十年代开始不断衰退;意大利北部普拉托产业区的发展在经历了六七十年代的高度繁荣后,普拉托产业区的成长陷入了停滞和解体的困境;同样,东北老工业基地在计划经济时代在我国国民经济中长期占有举足轻重的地位,但在日益开放的新环境中却难以适应,生产要素流失,长期难以得到振兴。

硅谷企业网络的形成同样经历过企业网络的转型。在硅谷发展早期,硅谷的缔造者、诺贝尔奖得主 Shockley 的公司推行基于内向维度的、封闭的、高度集权的管理模式,类似于 128 号公路的"原子式"大企业模式。而企业网络的变革发生在对该公司管理方式不满的最优秀的 8 个人离开公司,并成立了"Fairchild Semiconductor"公司,新公司抛弃了等级制的内部管理模式,推行模块化的管理模式,并且对于本企业无法实现的创新则支持公司成员离开公司创办新企业,这样就在企业之间建立了分工合作的模块化网络[①]。随着这种具有复制能力的开放模式取得高度成功和在硅谷不断发展,以英特尔和惠普等为代表的大企业与美国国内和国际经济网络建立了广泛的连接,掌握着市场方面的信息,同时也通过区域内与中小企业的模块化网络迅速消化吸收知识。

6.2.3　集群企业在企业网络演化中的作用

前文已经指出,集群具有自组织特征,不同类型企业在集群发展中发挥着不同作用。在此基础上,本章认为,领导型企业通过其自身以及对企业间分工合作网络的协调在企业网络转型的前后扮演了调节阀的功能,是企业网络能否迅速转型和变革的关键力量。创新理论的奠基人熊彼特在宏观的经济发展层次上早就洞察到大企业功能的独特性,指出大企业在创新和经济增长中具有决定作用。在集群层次上,领导型企业的这种作用得到一系列案例分析和实证研究的支持,如 Makusen 的研究表明,跨国公司在产业区的形成过程中是持续的力量,是使中小企业难以离开的一种"胶"。Wolfe 和 Gertler 明确提出,整个集群可能起源于

---

① 俞荣建,吕福新:《由 GVC 到 GVG:"浙商"企业全球价值体系的自主构建研究——价值权力争夺的视角》,《中国工业经济》,2008 年第 4 期。

一两个"领导"(lead)或"起锚"(anchor)企业,并且这些企业在集群发展历史的关键分叉点处往往发挥着重要作用,大量的中小企业往往都是从这些"领导"或"起锚"企业中衍生出来的,如在硅谷进化不同阶段的主要起锚企业如英特尔、惠普都扮演了激励相关企业成长的核心角色。

领导型企业的作用同样得到了计算机仿真研究的有力支持,在 Barabasi 和 Albert 对无标度网络的量化研究中,首先假设网络的初始状态有很少的节点,然后按顺序不断加入新的节点,并规定新节点与已有节点建立连接关系的原则是根据已有节点的连接关系数多少,连接关系数越多则表明新节点与之建立连接关系的概率越高,即对先进入网络的节点赋以网络连接关系的优先性。仿真结果表明,所生成的新网络具有层次性,很少的节点拥有很多连接关系数,而大部分节点连接关系数较少。这一网络演化过程和结果与集群中"中心—外围"型的企业网络发展的过程相似,如硅谷的企业网络发展过程,并能够反映领导型企业在其中的作用。

6.3 案例分析

本章理论研究表明,集群内部连接关系和外部连接关系较为均衡的企业网络是在技术日益快速变化、竞争日趋激烈的全球化市场条件下的优化网络,有利于集群在这种环境中持续创新和成长。而基于不同环境条件下成长起来的集群具有不同的企业网络特征,需要通过企业网络的转型和变革以逐步形成能够在新的环境条件下进行竞争的优化网络。在我国改革开放初期的较为封闭的"短缺经济"时代,产生了一批具有鲜明区域特点的产业集群,其中典型的有"苏南模式"和"温州模式",都曾经历过辉煌。但在国际化程度日益加深、市场竞争日趋激烈的今天,"苏南模式"和"温州模式"都需要演化到"新苏南模式"和"新温州模式"。

这些集群经历了企业网络在多个阶段的演化过程,对其分析有助于加深对企业网络演化的理解,并对我国集群的转型和升级提供启示。本章主要依据企业网络和集群成长的特点来界定这些集群的模式。

6.3.1 "温州模式"和"苏南模式"

温州产业集群的发展得益于改革开放初期的宏观政治经济环境,温州人的首创精神得到了肯定和支持。从 20 世纪 80 年代初到 90 年代初,温州根据传统的"小商品、大市场"和"以商带工"的发展思路,以家庭、家族联系为纽带,通过"一户带动一村,一村带动一乡"发展模式,初步形成了专业化分工的特色产业集群,涌现出全国著名的十大专业化生产基地。最初的知识来源于传统工艺,基于家庭、家族和地域关系的稠密社会网络为传统工艺的传播和交流提供了有力支持,涌现出一大批密切协作的小企业,从设计、制造加工到销售每一个环节都有多个企业进行合作与竞争。温州人在传统的劳动密集型行业中,专业化分工程度之高,营销网络之密,市场竞争力之强,无人能够匹敌。随着集群的成长,部分有眼光的温州企业开始谋求突破原有的基于家庭和家族的网络嵌入模式,通过联营、合股等形式发展股份合作经济,通过整合企业网络来提升增量创新能力。到 20 世纪 90 年代初,温州初步涌现出一批较大规模的企业,为产业集群应对环境的非连续性变化奠定了一定的基础。

与温州产业集群依赖民营经济的起步模式不同,苏南模式是以创办乡镇企业率先突破传统体制束缚而崛起的。改革开放初期,由于市场力量薄弱,苏南的地方政府借助其权威来动员和组织资源,兴办和发展乡镇企业,逐步形成了政府、银行、中介服务机构、乡镇企业之间密切合作的稠密网络,推动了该地区产业集群的迅速成长。随着集群的成长,"苏南模式"的体制弊端开始显现,出现了诸如重复投资、资不抵债以至利益分配上的"穷庙富方丈"等问题,形成了"乡乡冒烟""村村点火"以及"小、散、乱"的工业布局,使苏南乡镇企业的竞争力遭受沉重打击,已无法与"温州模式"的自发性优势相比。随着改革开放的逐步深入和国内市场竞争的加剧,本来处于全国绝对领先地位的苏南乡镇企业丧失了自己的优势,被浙江、广东等地区赶上或者超越。

在这一阶段,由于市场相对稳定,两类集群中的企业主要通过加强内部连接关系构建稠密网络以促进利用式学习,提升增量创新绩效,实现了集群的迅速发展和初步的繁荣,同时也为未来环境的可能变化储备了一定的资金、技术和人才。尽管温州和苏南产业集群都发展出了稠密网络,但是网络所服务的目标存在差别,温州产业集群的目标就是创新、成长和经济利益最大化,其稠密企业网络得以迅速发展和进化,已从基于家庭、家族的企业网络向基于地域的企业网络发展,而苏南产业集群中企业网络的目标较难以协调和统一,政治嵌入的刚性阻碍企业网络的演化以及集群在不同发展阶段的顺利成长。因此,即使苏南模式在起步阶段由于其强大的资源动员能力占据优势,但在接下来的发展中却难以与将稠密网络的利益日益发挥到极致的温州模式竞争。

6.3.2 产业集群的结构调整

随着两类集群的成长,基于稠密网络的知识创新的潜力和优势逐步丧失,由于市场开放程度的不断加大所导致的人员、技术大范围流动和本地资本的孕育,知识含量本就不高的传统劳动密集型产业的进入门槛进一步降低,国内竞争性企业的大量进入,不仅区域内竞争性的新企业大量衍生,同时也面临着区域间产品的激烈竞争。由于受到所有制问题的困扰,苏南产业集群已于20世纪90年代初率先进入网络转型期,尤其是从20世纪90年代中期开始,随着我国的"短缺经济"时代宣告结束,苏南模式的问题进一步显露,产能过剩问题更加严重,工业生产的增幅明显回落,加大了企业网络的转型和变革压力。同样,从20世纪90

年代初开始,温州产业集群的知识同化效应逐步显现,价格竞争的压力不断增大,产品质量问题长期得不到解决。尤其是从20世纪90年代中期以来,尽管温州市有关部门出台了文件干预无休止的价格大战,但低压电器、眼镜等行业企业间的价格战却愈演愈烈。在此背景下,继苏南产业集群的结构转型和变革之后,温州产业集群也进入产业结构的调整期。

在苏南地区,由于企业间关系的家族色彩并不浓,且已有产业本来就具有大、中、小企业相互合作的层次性,因此改革主要围绕产权制度进行,通过政府推动的政企分开以及发展民营经济,提升经济竞争力。大中型企业大多改制为股份合作制或有限责任公司;中小企业除改制为股份合作制、有限责任公司外,多数通过拍卖或转让,改制为私营企业。所有制改革促进了苏南集群网络的调整,由乡镇企业产权制度的自我突破所带动,原来乡办乡有、村办村有的"社区经济"也随同突破,使农村工业结束了"小、散、乱"的布局和结构状态,向城镇、园区集聚,使城乡工业从分块发展走向联动和整合。

在温州,部分有实力的企业利用价格战的机会通过兼并等方式壮大自身力量,促进知识交流与管理协调,推动了生产工艺的创新和质量的提高。一些中小企业通过组建企业集团以适应环境变化,如温州正光阀门集团由6家中等企业联合组建,现已成为中国石化、中国石油等国家大型企业的资源一级成员,产品出口欧美、中东、东南亚等20多个国家和地区。而更多的中小企业选择为大企业做配套的方式适应变化。通过这一系列的调整,小企业间紧密的经济和社会联系减少,企业网络的稠密度降低,结构调整的作用也逐步显现,"康奈""东艺""正泰""德力西""报喜鸟""大虎"等一批知名企业涌现出来,一些围绕这些大企业的"弹性专精"生产体系初步形成,企业增量创新能力得到增强,并吸引了国内外市场的需求,开始通过贴牌生产(OEM)等方式行销于国际市场。

总体而言,苏南地区由于在集群发展初期所有制问题暴露得更早,率先进入企业网络的转型期,同时其转型的关键是政府退出,因此随着政府主导的政企分开改革的推进,地区经济重新焕发生机,可见,相对而言,稠密网络的转型和变革的包袱较小,难度也较小。而温州由于前一阶段企业网络与经济发展形成正反馈效应,导致企业网络过度发达,经济发展对已有稠密网络过度依赖,因此,温州产业集群的企业网络的转型较为滞后,调整的难度更大,时间也更长,导致温州经济增速不断下滑。"近 10 多年来,与浙江省其他地区相比,温州的工业化进程中,制造业结构的演变极其缓慢,基本局限于低加工度和低附加值的传统劳动密集型行业,例如皮革制品、服装、塑料制品和打火机等"。①

6.3.3 "新温州模式"和"新苏南模式"

随着国际经济一体化步伐加快,尤其加入 WTO 以来,我国产业集群所面临的环境正日益富于变化,以对区域内企业间网络嵌入为特征的产业集群需要进一步嵌入到全球价值链中,构建内部连接关系和外部连接关系较为平衡的企业网络,加快知识更新的速度,适应新的市场和竞争环境。在这种环境条件下,集群中的领导型大企业一方面要建立外部连接关系,进入全球市场,进行广泛的知识探索,推动本地集群从 OEM 向 ODM 甚至 OBM 转化;另一方面要进一步加快对本地企业间网络的调整步伐,建立起"弹性专精"的生产体系,提升知识的消化、吸收和利用能力,支持其知识的探索和集群整体的知识更新以及在全球价值链上位置的持续攀升。

在这种转变中,苏南地区抢得了先机,从 20 世纪 90 年代中期以来,苏南地区在体制改革的同时,实施了"三外(外资、外贸、

---

① Porter M E. Clusters and the New Economics of Competition. *Harvard Business Review*, 1998, 76 (6).

外经)齐上、以外养内"的战略,向所谓的"新苏南模式"发展。统计数据显示,苏南的外贸依存度高于全国平均数 10 个百分点,外资依存度高出全国平均数 2 倍多。以苏州为例,2006 年实现外贸进出口总额 1 742.6 亿美元,居全国第三位;2008 年实际利用外资 61.7 亿美元,居全国城市第二位;苏州工业园区每年引进外资达数亿美元,园区内国内生产总值的年增长率保持在 30% 以上。外向型经济不仅直接构成了近年来苏南经济快速发展的发动机,也为产业集群中本地企业网络的发展注入了新动力,大量跨国公司的进驻不仅直接推动了经济发展,而且通过构建跨国公司同本地供应商的联系,促进了本地企业的成长,如摩托罗拉公司和诺基亚公司就将产品外包给苏州工业园内的本地企业——东胜有限公司。

在新的环境条件下,温州则根据企业网络的已有特点,提出了"以民引外、民外合璧"的经济发展战略,向所谓的"新温州模式"发展,以适应新的环境。温州一部分大型企业根据以往贴牌生产、来料加工等方式的经验依托跨国企业进行知识探索和学习,如奥康公司 2003 年开始与意大利的 GEOX 品牌进行合作研发,中国低压电器行业最大的产销企业正泰公司 2005 年与世界最大的多元化企业通用电气组建了合资公司。另一部分企业则开始向自主研发、自有品牌、自建渠道这些全球价值链的中、高端环节发展。如康奈公司从 2001 年开始到 2004 年上半年在欧美 10 多个发达国家设立了 80 多家专卖店,与黑龙江东宁吉信集团联手在俄罗斯打造的第一个境外工业开发区——远东康吉工业园;哈杉鞋业已在全球设立了 3 家工厂和 8 个子公司,并在尼日利亚投资办厂,成为西非第一大制鞋品牌。①

---

① 魏守华,石碧华:《论企业集群的竞争优势》,《中国工业经济》,2002 年第 1 期。

6.3.4 当前两地集群发展面临的问题与对策

在新的环境下,要求构建内部连接关系和外部连接关系较为均衡的优化网络以取得竞争优势,而苏南和温州产业集群结构转型和变革的任务都还没有完成。在苏南地区,虽然大量引进外资,但这些跨国公司与本地企业的连接关系仍然较少,本地企业还不能嵌入到跨国公司的全球价值链中,难以获得跨国公司的先进技术知识,因此引进外资催生本地集群的作用有限。与此相关,由于本地企业间网络转型和变革的任务还没有完成,导致基于利用式学习和增量创新的本地企业间的分工合作网络的发展相对滞后,本地企业规模较小,领导型大企业数量不多,不能很好地承接跨国公司的外包。① 因此,虽然为外资配套的本地企业得到了一定发展,但是相对外资的规模远远不足,在本土企业和外资企业之间形成了缺乏联系的二元化格局,二元结构对资源的争夺可能会使苏南产业"空心化"。针对这一现状,苏南地区一方面应提高引进外资的质量,大力引进与本地企业相匹配的外资企业,并加强外资企业与本地企业的合作,尤其是承接外资公司的外包活动,而不能攀比引进外资的数量;另一方面应采取内外资平等对待的政策,坚持政企分开的改革,并大力支持民营经济发展,培育本地企业间分工合作网络和本地的领导型大企业。

对于温州产业集群而言,企业网络转型和变革的形势依然严峻,集群中构建有外部连接关系的本地领导型大企业数量仍然较少。与苏南地区的情况近乎相反,温州引进外资的数量远远落后于同在浙江省的宁波市和杭州市,导致外部连接关系更为匮乏。与此同时,受到基于家庭、家族和地域关系的稠密社会网络的影响,集群企业间基于利用式学习和增量创新的企业间分工合作网络的转型和变革仍然非常艰难。这一状况导致温州产业集群的

---

① 张永安,王娟:《目前产业集群演化研究的进展与不足》,《经济论坛》,2008 年第 2 期。

发展举步维艰,在浙江本省的发展中已逐步被边缘化。如 2004
年温州市 GDP 总量虽然在浙江省 11 个城市中仍排第三,但 GDP
增速却下滑到倒数第三。更为严重的是,以民间信贷为特色的温
州金融市场的垮塌,进一步加重了温州产业集群的发展困难。因
此,在新的竞争环境下,温州产业集群的发展一方面要重视引进
外资,并推动民营企业与国外资本嫁接,培育开放型经济;另一方
面要加快本地企业间网络的调整,着力规范技术标准和产品质
量,淘汰低效率、低质量的产品和企业,培育领导型的大企业。同
时,应加快金融改革,为产业集群的发展提供支撑。

6.4　结论与启示

本章基于环境适应性的视角研究集群成长过程中的企业网
络演化机制,并通过案例予以分析,对集群成长理论研究具有重
要意义,对当前形势下我国制造业集群的持续创新和成长具有重
要实践价值。本章的结论和启示如下。

(1) 在集群成长不同阶段和不同环境下,都有与环境相适应
的具有竞争力的不同企业网络构造。由案例分析可知,温州模式
和苏南模式在我国产业集群发展的不同阶段都曾经具有竞争力,
同时研究也表明,在技术日益富于变化、竞争日趋激烈的全球化
时代,硅谷的企业网络构造更具有竞争力。

(2) 在集群成长不同阶段之间的过渡过程中,由于环境条件
的差异,原有的具有环境适应性的企业网络需要转型以适应新的
环境。改革开放 30 多年来,随着市场竞争国际化程度的不断加
深,包括温州和苏南产业集群在内,我国所有的产业集群都曾经
历了企业网络的深刻转型,并且由于环境日益富于变化,这种转
型还远远没有结束。

(3) 由于集群成长环境以及企业网络与环境互动的差异,企
业网络转型的战略和路径也不尽相同。由"新温州模式"和"新苏

南模式"的发展战略的差异可知,尽管两者的目标都是要构建内部连接关系和外部连接关系更为均衡的企业网络以加快知识更新速度,但由于企业网络的发展历史和现有基础不同,两种模式的集群未来的发展战略和路径也存在差异,如温州应着力于外部连接关系的构建,而苏南地区则应着力于内部连接关系的加强。

(4)由于集群创新和发展对其过度嵌入,在集群成长前一阶段最具竞争力且得到充分发展的企业网络往往转型的难度更大,时间更长。而那些对已有网络嵌入程度不深的集群,或者是为未来环境变化做一定准备的集群应更能快速地适应环境变化。由案例分析可知,由于在相对封闭的外部市场环境下,在劳动密集型的低端产业中,温州产业集群的稠密网络具有无可匹敌的竞争优势,并且集群将这种网络的优势和潜力发挥到了极致,导致集群成长过度依赖和嵌入这一企业网络之中,而在环境变化的条件下,企业网络的转型变得非常困难。与之相比,苏南地区问题暴露得早,历史包袱也较轻,反而在企业网络转型初期占得了先机。

(5)集群在成长的前一阶段应为未来的非连续性变化做一定准备,提早进行学习策略的调整和结构变革,避免过度嵌入已有的成功的企业网络构造,这样才能促进集群成长的持续性。总体而言,温州和苏南产业集群的企业网络对环境的适应都是被动的,采用的是利用式学习或是单环学习的适应方式,没有为未来的可能变化预先做必要的准备,包括学习策略的调整和结构的变革,因此集群发展具有较大幅度的波动。而在日益富于变化的全球化竞争条件下,已有的基于稠密网络的知识和经验将会越来越不适应,要求我国不同环境条件下成长起来的具有不同网络构造的制造业产业集群尽早进行结构的变革,努力构建本地连接关系和外部连接关系平衡和整合的企业网络结构,促进双重学习,加快知识更新速度,提升国际竞争力,实现在价值链上的持续攀升,以避免大幅度的经济波动,在最新一轮的世界经济发展中站稳脚跟。

6.5　本章小结

本章从环境适应性的角度研究集群成长过程中的企业网络演化机制，首先分析了以不同方式适应环境的集群成长方式；接着具体分析了具有代表性的网络类型及其所适应的环境特征，研究了企业网络演化及集群企业在集群成长中的作用；最后通过案例予以分析。

研究结果表明，在集群成长的不同阶段以及在不同的环境条件下，都存在具有环境适应性和竞争力的企业网络构造；在集群成长过程中，企业网络需要转型以应对环境变化的挑战；由于不同集群的成长环境不同，不同企业网络转型和变革的战略存在差异；那些在集群成长前一阶段具有竞争力且充分得到发展的企业网络转型的难度可能更大，时间更长；在新的环境条件下，我国产业集群应尽早准备，推动企业网络结构的变革。

本章研究了产业集群在与环境相互作用的过程中，具有环境适应性的企业网络特征以及集群企业创新、学习行为、连接关系的特点，并分析了集群成长过程中环境条件的变化、企业网络转型和变革以及集群企业创新、学习行为和连接关系的调整。通过案例分析了"苏南模式"和"温州模式"向"新苏南模式"和"新温州模式"发展过程中企业网络的演化，不仅强调了全球化环境下我国制造业产业集群提早进行企业网络结构变革的紧迫性，而且指出了结构调整的方向，对企业发展战略、地方政府产业规划和国家产业政策的制定都具有一定指导意义。

7 领导企业数量特征对集群创新绩效影响的 实证研究

  流行的集群生命周期理论试图通过类比生物体,寻找集群出现、成长和消亡的一般原因。然而由于该理论太具有决定论色彩,其解释力受到置疑。[①] 相关研究提出,集群进化的动力依赖于集群中的企业如何学习、创新和适应。[②] 沿着这一思路,学术界逐渐认识到"角色视角"对于理解集群创新的必要性,因为企业异质性是集群适应和进化的基础,持续的创新依赖于集群不同类型企业之间的分工协作。在角色视野下,集群中"核心企业"(focal firms)、"守门者企业"(gatekeepers)、"领导企业"(leading firms)等角色对集群创新的作用得到学者们的广泛关注。有趣的是,在我国产业集群的实践中,各地方政府一再强调龙头企业这一角色的作用,而龙头企业的界定标准与领导企业内涵基本一致,这表明实践探索的经验与理论转向高度吻合。

  然而,是否龙头企业的规模越大、数量越多,就越有利于集群创新呢? 这一问题还没有得到进一步研究证实,由于理论模糊不清,导致了在我国产业集群实践中缺乏较为一致的行动原则,或过分强调龙头企业的创新带动作用,或过于强调中小企业的创新活力。如国务院《关于支持农业产业化龙头企业发展的意见》(国

---

  ① Martin R, Sunley P. Path Dependence and Regional Economic Evolution. *Journal of Economic Geography*, 2006,6(4). Boschma R A, Frenken K. Cluster Evolution and A Roadmap for Future Research. *Regional Studies*, 2011,45 (1).

  ② Menzel M P,Fornahl. D Cluster Iife Cycles: Dimensions and Rationales of Cluster Evolution. *Industrial and Corporate Change*, 2010,19(1).

发〔2012〕10 号)将发展目标确定为"培育壮大龙头企业,打造一批自主创新能力强、加工水平高、处于行业领先地位的大型龙头企业;引导龙头企业向优势产区集中,形成一批相互配套、功能互补、联系紧密的龙头企业集群"。这样的描述易于使人产生龙头企业数量越多越好的错觉。

因此,本章进一步以苏南特色产业基地为实证对象,尝试揭示集群龙头企业的规模、数量及比重对集群创新绩效的影响关系。该项研究除了为产业集群的规划和发展提供实践指引外,其理论意义包括如下三个方面:一是进一步明确领导企业和龙头企业的地位,丰富"角色视角"对集群进化的解释;二是引入组织学习中知识探索和利用的研究,解释集群创新的机理,有利于组织学习领域与集群研究的进一步融合;三是采用正式的定量分析方法研究集群创新问题,这在已有研究中仍较少。

7.1 研究基础及理论假设

7.1.1 集群知识探索

知识创新的本质是解决组织与环境互动过程中市场、竞争、技术、组织等问题,以适应环境变化,知识创新及知识的搜索与学习高度相关。March 提出了组织学习的一个重要维度,即探索和利用(exploration and exploitation)。探索是通过搜索和试验拓展新知识,有利于激进式的质的创新突破,而利用是对已有知识和能力的精炼和挖掘,有利于渐进式的增量创新。大量研究表明,知识探索和利用相互交织在一起,组织在学习新知识的过程中一方面要依赖探索获取新知识,另一方面要消化吸收利用新知识,以进行持续的知识更新,进而保持持续的创新能力。两者存在着既冲突又互补的张力,要求组织建立协调知识探索和利用的系统,以促进持续创新,适应环境变化。

组织学习领域的这一研究进展与集群创新的最新研究成果

不谋而合。关于集群创新的大量研究说明了集群本地学习过程与集群外技术知识源的重要性。本地学习过程受到研究者的一贯重视，Maskell 强调传统的集聚效应如降低交易成本和运输成本之外的知识和能力的作用，指出通过企业间分工的不断加深，集群企业提升了知识创造的能力。Bathelt 等将集群中这种基于本地面对面交流的学习称为"自播"机制，正如 Marshall 描述的"产业空气"一样，可以以很低的成本接触本地知识库，因而该机制构成了集群企业的一大优势。可以认为，这种基于封闭系统的学习机制是知识利用的一种形式，有利于集群既有知识和经验的传播、消化和吸收。然而，"自播"机制具有与知识利用同样的局限性，"自播"机制的利益有一定的"门槛"，一旦超过这个门槛，"知识同化"的效应就会显示出来，导致集群难以适应环境的非连续性变化，陷入能力陷阱。

与此相关，"渠道"(global pipelines)机制受到研究者的重视，指的是企业与集群区域外企业的交流。Owen-Smith 和 Powell 对波士顿生物技术集群的研究表明，接触新知识不仅仅依赖于本地互动，而且经常要通过跨区域战略伙伴。同样，纽约的服装产业区不仅形成了由设计商、生产者和供应商以及时尚杂志、时装表演等专业化集群，而且依靠其设计方面的领导地位吸引了全世界的设计商和其他创新源，因此纽约的服装生产商不需要离开城市去寻找新的知识源。类似地，硅谷在区域内建立了合作和知识共享的模块化生产网络，同时，又通过与美国国内和国际信息产业网络的联系，掌握着市场方面的大量信息，使硅谷成为全球信息产业的"Hub"。可见，"渠道"机制有利于集群摆脱已有知识和经验的束缚，搜索全新的问题解决方案，因此可以看成知识探索的一种形式。

由于新知识根本上来源于外部，外部知识探索对集群发展至关重要。Cohen 进而提出，要能够搜索和识别外部知识和信息，就要提升集群"吸收能力"，其中，集群的研发积累是吸收能力的

关键所在。集群的研发投入越多,越有利于知识探索和知识更新,越有利于集群的技术创新。据此,提出如下假设:

假设 7-1　集群研发投入越多,越有利于集群创新绩效的提升。

7.1.2　守门者企业与领导企业

然而,并不是所有的集群都有相同的能力将本地与集群外知识来源联系起来,而且不是集群内的所有企业都同样能接触外部知识。为理解本地企业如何搜索和学习外部知识,一些学者研究了守门者角色,结论是与集群外有强连接的企业同时也促进外部知识在本地背景下的传播与整合。守门者企业通过在更大地理范围的知识交流促进其知识探索,进而通过与配套企业的联系进行知识传播,促进新知识的消化吸收和利用。通过这一过程守门者企业将知识探索和利用有机整合成动态适应系统,有利于本地知识库的持续更新和集群的技术创新,不断适应环境变化的挑战。

守门者行为经常与集群中的领导企业联系在一起。领导企业通过其垂直网络,提升了与本地供应商的密集的知识交流以获得更高的创新、效率、质量以及竞争力等绩效[①]。意大利产业集群的研究表明,大公司为"桥企业",这些企业接触外部知识源,并将地区活动引入国际市场;Malipiero 等人进而明确指出,集群中的领导企业在促进新知识创造和扩散过程中承担着守门者角色,核心的领导企业使用外部知识的程度大大高于集群中的其他企业,而非核心企业则大量接受核心企业的知识扩散。根据这些研究,作为本地垂直网络中的技术守门者的领导企业,其激励因素是下游阶段绩效如中间产品的质量,因此他们有传播知识和能力给供应商的热情以提升自身的运作质量。研究进一步表明,领导

---

① Levinthal D. Adaptation on Rugged Landscapes. *Management Science*, 1997, 43(7).

企业可能非常关心维持守门者的角色,因为与本地供应商稳定和可信的连接关系减少了交易成本,提升双向学习机会。

学者们进一步讨论了领导企业在集群进化过程中的关键作用。Makusen 的研究表明,跨国公司在产业区的形成过程中是持续的力量,是使中小企业难以分离的一种"胶"。Porter 同样指出,领导企业在本地集群中扮演着"磁铁"的作用,吸引合作者和竞争者来到本地。Wolfe 和 Gertler 明确提出,整个集群可能起源于一两个"领导"或"起锚"企业,并且这些企业在集群发展历史的关键分叉点处往往发挥着重要作用,大量的中小企业往往都是从这些企业中衍生出来的,如硅谷进化过程中英特尔、惠普都扮演了激励相关企业成长的核心角色。

以上分析表明,领导企业对集群创新和进化至关重要。然而,是不是集群中领导企业的数量越大、占据集群内企业的比重越多,越有利于集群的创新?基于以上对集群领导企业特殊作用的分析,有理由认为,集群中龙头企业数量越多,比重越大,集群内领导企业以及相关机构的研发投入需求就越大,集群的吸收能力也就越强,越有利于集群的知识探索和持续知识更新。据此,本书提出如下假设:

假设 7-2:领导企业数量越多,集群研发投入越多。

假设 7-3:领导企业占集群内企业比重越大,集群研发投入越多。

7.1.3 领导企业应具备的条件

值得注意的是,并不是所有的集群企业都能够担任领导企业的角色。相关研究表明,占据协作网络中守门者位置的企业需要具备一定的条件。如 Grabher 发现,建立和维持外部关系需要时间和努力,并且没有定期的联系和互动就不能持续。Bathelt 等同样提出,建立全球渠道需要有目的、有步骤和有系统地建立信任,并且认为由于这个过程需要投资和资源,企业能够控制的渠道数量很可能与其规模成正比。因此,历史发展悠久、资源丰富的企业在时间、人员、资金、技术等方面具有优势,能够占据集群中领导位置,探索外部的新知识和在集群内传播新知识。

在实证研究中,领导企业的属性特征是辨别哪些集群企业是领导企业的重要参考。苏南特色产业基地中龙头企业的认定标准与领导企业的以上研究结果非常接近,包括如下几个方面:一是经济规模大,企业固定资产达 5 000 万元以上、近 3 年销售额在 2 亿元以上、产地批发市场年交易额在 5 亿元以上;二是经济效益好,企业资产负债率小于 60%、产品转化增值能力强、银行信用等级在 A 级以上(含 A 级)、有抵御市场风险的能力;三是产品具有市场竞争优势,龙头企业应建成管理科学、设备先进、技术力量雄厚的现代企业,成为加工的龙头、市场的中介、服务的中心;四是带动能力强,产加销各环节利益联结机制健全,能带动较多企业,有稳定的较大规模的原料生产基地。

由这一认定标准可知,集群中的龙头企业无论是属性特征还是所发挥作用方面,都与领导企业相一致,因此该标准可以看成领导企业的操作化定义。根据以上研究,进而可以认为,集群中领导企业规模越大,领导企业以及相关机构的研发投入的需求就越大,集群的吸收能力就越强,越有利于集群的知识探索和持续知识更新。据此,本书提出如下假设:

假设 7-4:领导企业平均规模越大,集群研发投入越多。

7.2　研究背景及方法

7.2.1　研究背景

经过改革开放 30 多年的发展,我国已经构建了较为完整的产业体系,目前,中国制造业占 GDP 的 48%,成为"世界工厂"。中国承接了全球价值链中的生产制造环节,但"中国制造"在全球价值链中仍处于较低的分工地位,已处于转型的岔路口。近年来,国家以推动战略性新兴产业和区域规划为两大主线,试图找到提升"中国制造"的新路径,持续推动技术创新。特色产业基地作为落实这一转型发展思路的重要载体,是我国新型经济组织方式的重要探索。国内将特色产业基地界定为:在一定地域范围内,在实施国家科技计划和开展自主创新活动的基础上,充分发挥对人才、技术、资本等资源集聚的区域优势,依托一批产业特色鲜明、上下游产业关联度较大、生产链条比较完整、服务体系较为完善、创新能力较强的龙头骨干企业和与之衔接紧密的中小企业而形成的高新技术产业集群或创新集群。据此,特色产业基地可以看成产业集群的一种重要形式,特色产业基地首先在我国制造业第一大省——江苏试点,而建立在"苏南模式""新苏南模式"基础之上的苏南地区(包括苏州、无锡、常州、南京和镇江等五市)特色产业基地的建设经验尤其具有典型意义。

2010年以来,作者与江苏省宏观研究院合作进行了江苏特色产业基地的调研,采用了实地访谈与各地方政府上报统计数据相结合的调查方式,取得了苏南44家特色产业基地建设的第一手资料。将苏南特色产业基地作为实证研究对象有如下三个方面的优势:一是龙头企业在该地区中一再得到支持和强调,龙头企业的作用应该较为显著;二是这些基地持续发展多年,具有良好的基础,应该能够发展出企业间的良好分工合作关系,符合角色视角的要求;三是这些基地发展历史和环境条件相似,很大程度上降低了其他因素影响可能导致实证结果的偏差。

7.2.2 概念的操作化定义

衡量特色产业基地研发投入的指标包括研发机构数、研发人员数和研发资金等三项,集群创新绩效由专利和新产品数量两个指标来衡量。由于可以将龙头企业的认定标准看成领导企业的操作化定义,可将本书研究假设进行转化,如图7-1所示。

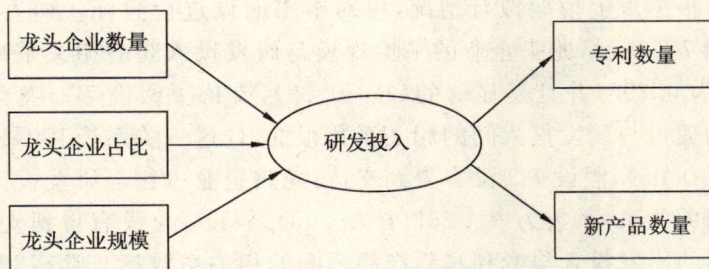

图 7-1　研究模型

7.2.3　模型评价

本书运用结构方程模型方法（SEM）和 AMOS7.0 统计软件来分析数据并研究变量间的关系。潜变量研发投入的测量模型分析结果显示，潜变量的 Cronbach's α 值都在 0.5 以上，且在 0.7 以上，表明潜变量具有很好的内部一致性。验证性因子分析结果显示，标准化的因子负荷高于 0.5 的最低临界水平，表明衡量指标之间高度相关，潜变量具有很好的内敛效度。可见，潜变量的构造是合适的。

模型的总体拟合指数如表 7-1 所示，模型拟合卡方和自由度分别为 115.574 和 20，表明模型的拟合情况较好；GFI，$AGFI$，RFI，IFI 等统计量虽然没有达到 0.8，但均高于 0.75 的水平，表明拟合情况尚可；统计量 $RMSEA$ 为 0.033，低于 0.1 的可接受水平。综合三方面的统计量水平，尽管部分拟合指数不佳，但总体而言可以接受。

表 7-1　模型的总体拟合度指数表

拟合指数	χ^2	df	GFI	$AGFI$	$NFI\delta_1$	$RFI\rho_1$	$IFI\delta_2$	$TLI\rho_2$	CFI	$RMSEA$
指数值	115.574	20	0.798	0.757	0.842	0.798	0.784	0.846	0.875	0.033

　　根据以上模型拟合情况,可对本书假设进行验证。如表 7-2 和图 7-2 所示,龙头企业的平均规模与研发投入间的相关系数较高,为 0.295,并且是显著的($P<0.05$),支持了假设 7-2;龙头企业的数量与研发投入间的相关系数很低,且这一关系极其不稳定($P>0.05$),假设 7-3 没有得到支持;龙头企业占比与研发投入呈负相关关系,系数为 -0.287($P<0.05$),假设 7-4 没有得到支持;集群的研发投入与专利和新产品之间的相关系数都非常高,分别为 0.699 和 0.646,并且具有显著性($P<0.01$),支持了假设 7-1。

表 7-2　假设验证

变量间关系	路径系数	P 值	假设	结果
研发投入→专利	0.699		7-1	支持
研发投入→新产品	0.646		7-1	支持
龙头企业数量→研发投入	0.034	0.829	7-2	不支持
龙头企业占比→研发投入	−0.287	0.026	7-3	不支持
龙头企业规模→研发投入	0.295	0.049	7-4	支持

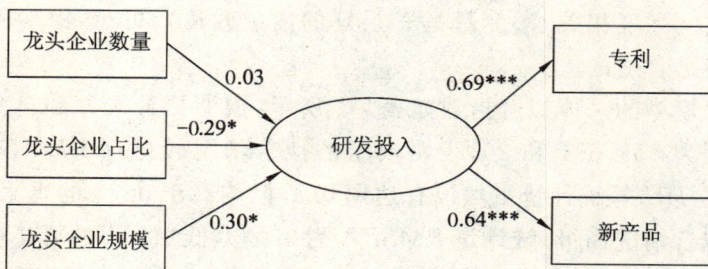

图 7-2　变量间关系

7.3　研究结论

　　本书基于组织学习与集群创新领域的研究进展,以苏南特色产业基地为研究样本,分析了领导企业数量特征对集群创新绩效的影响,主要研究结论如下。

(1)领导企业的相对数量比其绝对数量对集群的研发及创新更有意义。

研究结果显示,龙头企业的绝对数量对研发投入的作用极小,且并不显著($P>0.10$),而其比重与研发投入高度负相关,且具有显著性。这表明龙头企业的绝对数量多少对集群研发投入及创新没有太多意义,而龙头企业的相对数量作为结构变量具有显著影响。这就要求在理论研究和集群实践中,更加注重领导企业是否有能力组织集群内相关企业及机构进行研发积累、知识探索及知识利用,从而发挥带动作用。

(2)领导企业占集群内企业的比重越小,集群研发投入和创新绩效越好。

与本书预测相反,龙头企业占集群内企业的比重越小,反而对集群研发投入的作用越大,并且这一作用具有显著性。从结构角度来看,其原因可能在于,龙头企业占比越大,可能导致集群组织结构趋于扁平和分散,导致龙头企业大多无力整合本地供应商。一方面龙头企业吸收的新知识很难被本地供应商所消化吸收,另一方面也使得龙头企业的研发投入及知识探索活动得不到有力支持。因此,由于知识的探索和利用没有得到很好的协调,导致集群研发投入不足,知识更新速度缓慢,创新绩效难以提升。相反,如果龙头企业占比越小,则其龙头地位越明显,越是具有规模优势,越可能有能力促进自身和集群相关机构的研发活动,同时也能够促进中小供应商企业的知识消化、吸收和利用,进而提升集群的知识更新速度和创新绩效。

(3)领导企业平均规模越大,对集群研发投入的需求越大,集群创新的绩效越好。

研究结果显示,龙头企业平均规模与集群研发投入高度正相关,同时集群研发投入显著促进了集群的专利及新产品开发等创新绩效,表明存在着"龙头企业规模→集群研发投入→集群创新绩效"的作用路径。与本书理论预测相一致,龙头企业发挥自身人员、资金等的规模优势,促进自身与集群相关机构的研发活动以增强吸收能力,促进了集群知识探索和知识更新,进而提升集群的创新绩效。

7.4　本章小结

本章基于组织学习及集群创新的相关研究进展,以苏南特色产业基地为样本,实证研究集群领导企业的规模、总量、比重等数量特征对集群创新绩效的作用。研究结果表明,领导企业的相对数比其绝对数多少对集群创新绩效的作用更为显著;领导企业的绝对数及其占集群内企业的比重并不是越大越好,相反,领导企业占比越小,集群研发投入和创新绩效反而越好;领导企业的平均规模越大,集群研发投入越多,集群创新绩效也越好。

8 研究结论与展望

8.1 研究结论

在全球化程度日益加深的环境条件下,我国制造业产业集群面临着转型升级的巨大压力。探究集群创新背后的学习适应过程和组织结构及其调整和演化不仅具有重要的理论意义,同时也具有重大的实践价值。关于集群创新问题的研究目前大多停留于以案例为对象的定性研究,而本书借鉴组织学习和社会网络的研究的成果,根据集群层面的特有条件,采用定量分析和定性分析相结合的方法,由内而外(从企业内部网络到企业外部网络)、由静到动(从静态结构到结构演化),较为深入地研究了集群创新背后的学习适应过程和组织结构及其调整和演化,取得了以下研究成果。

(1)通过定量分析研究了企业内部网络结构、学习行为和企业创新绩效的作用关系,并分析了正式关系和非正式关系的相互作用。基于江苏六合化工产业集群企业调研数据的定量研究发现,企业内 IT 设计与非正式关系存在相互促进作用,但企业的组织设计对非正式关系没有起到促进作用;研究结果还表明,探索式学习和利用式学习都对企业的创新绩效具有促进作用,但探索式学习发挥的作用相对较小,在探索式和利用式学习行为的作用方面,以往研究倾向于认为探索式学习对企业创新绩效具有更大的作用,而利用式学习发挥的作用较小,但本书的实证研究结果发现,探索式学习虽然能促进企业创新绩效,但与利用式学习相比,相关性较小,这与以往的双重性假设近乎相反;进一步的研究表明,正式关系和非正式关系主要通过利用式学习作用于企业的创新绩效,其原因可能在于,对当前化工行业的国内企业来说,直接引进、消化和吸收国外先进设备和先进技术更为普遍,对现有成熟技术的引进、精炼和挖掘仍然是企业竞争力的主要来源,而进行尝试、试验和升级的激励则不足。

(2)基于个体和企业层次知识创新和组织学习的相关研究进展情况,结合集群特有的组织条件,本书首次提出了集群"双重学习"的概念,并根据集群双重学习机制,不仅从理论上将集群中的企业区分为领导型企业和跟随型企业,而且根据研发投入的金额多少,将两类企业按照量化标准加以区分,对集群双重学习机制予以实证分析。研究结果表明,企业内部网络对学习行为的作用在集群企业间存在差异,领导型企业更加侧重于探索式学习,跟随型企业更加侧重于利用式学习。并且,探索式学习和利用式学习对创新绩效的贡献在集群企业间存在着较大差异,这种学习行为差异的根源来源于企业外部网络影响,领导型企业和跟随型企业在这种学习策略上具有互补性,有利于企业间的异质性互动和集群的持续创新。

(3)定量研究了集群中领导型企业和跟随型企业在集群内、外部连接关系、探索式学习行为、利用式学习行为和突破式创新绩效、增量创新绩效的作用关系。实证分析和比较研究表明,集群企业的内、外部连接关系,分别是支持集群企业利用式、探索式学习行为的结构基础,并通过两种学习行为分别作用于集群企业的突破式创新绩效和增量创新绩效。研究发现,集群企业通过两条"结构—行为"路径生成创新绩效:内部连接关系→利用式学习行为→增量创新绩效、外部连接关系→探索式学习行为→突破式创新绩效。领导型企业会同时利用这两条路径生成创新绩效,但与跟随型企业相比,领导型企业更为专注于后一条路径;跟随型企业则主要通过前一条路径生成创新绩效,二者通过突破式创新和增量创新的分工协作,共同生成集群创新绩效。这一研究成果有助于集群重视对企业创新活动的协调,以改善集群的创新绩效,包括引导集群结构的调整,促进企业对网络资源的投资与利用,协调和整合企业的学习行为,发挥不同类型集群企业的作用。该研究表明,要提高我国制造业集群创新能力,需要集群中领导型企业加强有利于探索式学习的外部连接关系的构建,通过促进内、外部连接关系的协同,支持探索式学习和利用式学习行为,生成突破式创新绩效和增量创新绩效;跟随型企业则应建立和加强与领导型企业的内部连接关系,提升利用式学习能力,促进增量创新绩效的生成;政府应积极培育集群领导型企业,并注重发挥领导型企业和跟随型企业各自的创新优势,促进彼此间的创新协作关系的形成,提升集群整体创新绩效的生成效率。

(4) 研究了集群成长过程中企业网络的演化机制,并以"苏南模式"和"温州模式"向"新苏南模式"和"新温州模式"的成长过程为案例分析了企业网络演化的过程。研究表明:在集群成长不同阶段和在不同环境下,都存在具有环境适应性和竞争力的不同企业网络构造;在集群成长不同阶段的过渡过程中,企业网络需要转型以适应新的环境;由于集群成长环境以及集群学习和适应环境的方式不同,企业网络转型的战略存在着差异;在集群成长前一阶段最具竞争力且得到充分发展的企业网络由于集群创新和发展对其过度嵌入,转型的难度可能更大,时间也更长;集群在成长的前一阶段应为未来的可能变化做一定准备,提早进行结构变革,避免过度嵌入已有的成功的企业网络构造,以在未来的非连续性环境变化面前迅速适应,促进集群成长的持续性;对我国制造业集群的发展而言,应根据全球化环境下、知识经济时代对知识迅速更新的要求,根据现有企业网络的特点制定切实可行的变革策略,加速进行企业网络结构的变革,以提升全球性竞争的能力,适应时代发展的要求。

8.2 研究展望

企业网络结构的作用及其演化机制是集群研究的核心问题。本书应用社会网络和组织学习的相关研究成果,结合集群特有的条件,采用定量的实证分析与定性的案例分析相结合的方法对集群的创新机制和成长过程进行了研究,取得了一些初步的成果。基于这些成果,还有以下一些方面需要进一步的研究和完善:

(1)本书在集群背景下研究了企业内部网络和外部网络对企业和集群学习和创新活动的影响,但企业的内部网络与外部网络存在着复杂的互补或替代关系,考察企业内部网络和外部网络的相互作用及其对企业和集群学习和创新活动的影响仍是一个艰巨的研究任务。

(2)本书仅从企业在集群内、外部的网络关系、探索式和利用式学习行为角度,研究了集群及集群企业创新绩效生成的机制,后续研究还需要进一步考察集群企业由内、外部连接关系所形成的企业外部网络结构特征如稠密度、中心度等对集群创新绩效的影响,并在本书路径研究基础上,探索各变量间的深层次函数关系和变化规律。

(3)本书对企业网络演化机制的研究采用的是案例分析的方法,对本书研究理论的支持力度有一定的限制,未来还应尝试使用定量分析方法实证研究时间维度上企业网络演化机制。值得注意的是,结构变革对学习和创新的影响往往需要有一段时间间隔才能显示出来,因此有必要在本书横断研究的基础上,设计出纵向分析方法研究网络结构变革对学习和创新活动的影响。

(4)本书的实证研究结论是建立在对江苏省六合化工产业集群以及江苏特色产业基地中的企业的抽样基础上,虽然集群在规模、创新绩效、集群企业构成等方面有较好的代表性,但对我国处于不同行业、不同发展阶段的制造业集群,创新绩效生成的路径仍然可能存在差异和独特性,改变抽样对象可能会得到不同的研究结果,这有待于进一步的实证研究。

附　录

调查问卷

尊敬的企业负责人：

　　为适应经济社会发展形势，开创更加良好的科技创新环境，现进行企业科技创新情况调查，请根据实际情况按时填写本表，我们将依法对相关数据进行保密处理，希望贵企业积极配合，做好调查工作。

　　祝工作顺利！

企业科技创新情况调查表（高层经营管理人员）

企业名称：_____	
调查说明：(1) 本调查问卷由企业的高层经营管理人员填写； 　　　　　(2) 每个问题都有 7 个评价标准，请您按照实际情况在相应评价标准的方框内画"√"。	
企业基本情况	
本企业的所有制性质	□ 国有　□ 集体　□ 私营 □ 股份合作　□ 外资　□ 其他
本企业的规模：_____（人）	本企业经营范围：_____
本企业的成立时间：_____	2008 年研发投入：_____（万元） 占销售额比例：_____（%）

企业基本情况	
研发部门规模：_____（人）	2008 年新产品数：_____（项） 新产品经济效益：_____（万元）
本企业拥有专利数：___（项）	新产品占总效益的比例：____（％） 成本占销售额的比例：____（％）

据我了解,下列描述与我企业现状的相符程度	评价标准
	完全不符　　基本相符　　完全相符 1　2　3　4　5　6　7

本企业技术创新能力的自我评价

描述	1	2	3	4	5	6	7
1. 企业大量购置先进设备和仪器	☐	☐	☐	☐	☐	☐	☐
2. 企业大量投资于研发活动	☐	☐	☐	☐	☐	☐	☐
3. 企业整体技术水平在国内处于先进水平	☐	☐	☐	☐	☐	☐	☐
4. 企业的竞争优势建立在我们的技术之上	☐	☐	☐	☐	☐	☐	☐
5. 企业成本控制严格,产品有明显的成本优势	☐	☐	☐	☐	☐	☐	☐
6. 企业通过设备和技术的转让获取利益	☐	☐	☐	☐	☐	☐	☐
7. 企业重视新产品和新服务的开发	☐	☐	☐	☐	☐	☐	☐
8. 企业能够围绕新产品开发迅速改变工艺	☐	☐	☐	☐	☐	☐	☐

续表

据我了解，下列描述与我企业现状的相符程度	评价标准						
	完全不符 1	2	基本相符 3 4 5			6	完全相符 7
本企业技术创新能力的自我评价							
9. 企业的新产品和新服务得到客户的认可	☐	☐	☐	☐	☐	☐	☐
10. 企业重视收集企业生产过程变化的信息	☐	☐	☐	☐	☐	☐	☐
11. 企业通过图表等方式向员工通报次品率	☐	☐	☐	☐	☐	☐	☐
12. 企业通过试验排除导致次品的因素	☐	☐	☐	☐	☐	☐	☐
13. 企业拥有多项发明专利	☐	☐	☐	☐	☐	☐	☐
14. 企业拥有多项实用新型专利	☐	☐	☐	☐	☐	☐	☐
15. 企业产品质量得到客户的认可	☐	☐	☐	☐	☐	☐	☐
16. 企业将危害大的原料替换为危害小的原料	☐	☐	☐	☐	☐	☐	☐
17. 因新产品的治污成本低而提供此类产品	☐	☐	☐	☐	☐	☐	☐
18. 企业停止治污成本高的产品和服务	☐	☐	☐	☐	☐	☐	☐
19. 企业注意监视竞争对手的战略与战术	☐	☐	☐	☐	☐	☐	☐

据我了解,下列描述与我企业现状的相符程度	评价标准						
	完全不符		基本相符			完全相符	
	1	2	3	4	5	6	7
本企业技术创新能力的自我评价							
20. 企业注意收集竞争对手客户的信息	☐	☐	☐	☐	☐	☐	☐
21. 企业注意收集竞争对手市场份额的信息	☐	☐	☐	☐	☐	☐	☐
本企业提升技术创新能力的自我评价							
22. 企业为实现长期发展而勇于创新	☐	☐	☐	☐	☐	☐	☐
23. 企业重视收集新市场的产品和技术信息	☐	☐	☐	☐	☐	☐	☐
24. 企业进行新的产品和工艺试验以拓展知识	☐	☐	☐	☐	☐	☐	☐
25. 企业积极巩固已有市场以确保收入稳定	☐	☐	☐	☐	☐	☐	☐
26. 企业重视收集已有市场的产品和技术信息	☐	☐	☐	☐	☐	☐	☐
27. 企业重视挖掘现有技术和产品的潜力	☐	☐	☐	☐	☐	☐	☐
28. 企业通过优化资源配置提高效率	☐	☐	☐	☐	☐	☐	☐
29. 企业注重提高客户满意度	☐	☐	☐	☐	☐	☐	☐

据我了解,下列描述与我企业现状的相符程度	评价标准						
	完全不符			基本相符			完全相符
	1	2	3	4	5	6	7
本企业提升技术创新能力的自我评价							
30. 新思想在企业中能够得到发展和应用	☐	☐	☐	☐	☐	☐	☐
31. 企业的新产品具有很好的成长率	☐	☐	☐	☐	☐	☐	☐
32. 企业关心员工的成长和发展	☐	☐	☐	☐	☐	☐	☐
33. 企业鼓励员工的创造活动	☐	☐	☐	☐	☐	☐	☐
34. 企业员工的不同专长能够得到发挥	☐	☐	☐	☐	☐	☐	☐
本企业研发、生产和销售等部门协作情况评价							
35. 企业各部门间存在经常性的社会交往	☐	☐	☐	☐	☐	☐	☐
36. 企业各部门间相互了解	☐	☐	☐	☐	☐	☐	☐
37. 企业各部门避免相互伤害	☐	☐	☐	☐	☐	☐	☐
38. 企业各部门彼此非常信任	☐	☐	☐	☐	☐	☐	☐
39. 企业各部门间配合默契,协作能力强	☐	☐	☐	☐	☐	☐	☐
40. 企业各部门相互信守承诺	☐	☐	☐	☐	☐	☐	☐

续表

据我了解,下列描述与我企业现状的相符程度	评价标准 完全不符 1 2 3 基本相符 4 5 完全相符 6 7						
本企业研发、生产和销售等部门协作情况评价							
41. 企业部门间关系紧密	□	□	□	□	□	□	□
42. 企业的规章制度、运作流程非常合理	□	□	□	□	□	□	□
43. 组织管理系统促进了部门间的合作	□	□	□	□	□	□	□
44. 计算机、互联网和通信技术等广泛应用	□	□	□	□	□	□	□
45. 建立了共享的数据库和知识库	□	□	□	□	□	□	□
46. 建立了如 PDF、多媒体等的档案	□	□	□	□	□	□	□
对本企业的供应商、商户等相关企业评价							
47. 除核心部件,大量采购本地协配企业产品	□	□	□	□	□	□	□
48. 与本地协配企业、客户企业有经常性的交往	□	□	□	□	□	□	□
49. 本地协配企业、客户企业值得信任	□	□	□	□	□	□	□
50. 与本地协配企业、客户企业关系密切	□	□	□	□	□	□	□

续表

据我了解,下列描述与我企业现状的相符程度	评价标准						
	完全不符		基本相符			完全相符	
	1	2	3	4	5	6	7
对本企业的供应商、商户等相关企业评价							
51. 与本地协配企业、客户企业进行资源互助	□	□	□	□	□	□	□
52. 与本地协配企业、客户企业合作解决问题	□	□	□	□	□	□	□
53. 本地协配企业、客户企业多,技术力量强	□	□	□	□	□	□	□
54. 与区域外企业有经常性的交往	□	□	□	□	□	□	□
55. 与区域外企业关系密切	□	□	□	□	□	□	□
56. 与区域外企业相互信任	□	□	□	□	□	□	□
本企业对同行企业的评价							
57. 国内同行企业众多,竞争激烈	□	□	□	□	□	□	□
58. 行业的产品和技术变化迅速	□	□	□	□	□	□	□
59. 本地企业产品和价格竞争同样激烈	□	□	□	□	□	□	□
60. 企业与本地同行企业结成技术联盟	□	□	□	□	□	□	□
61. 通过本地同行企业了解到新经验和技能	□	□	□	□	□	□	□

据我了解,下列描述与我企业现状的相符程度	评价标准						
	完全 不符		基本 相符				完全 相符
	1	2	3	4	5	6	7
本企业对同行企业的评价							
62. 本地同行企业间技术合作密切	☐	☐	☐	☐	☐	☐	☐
63. 本地同行企业间市场合作密切	☐	☐	☐	☐	☐	☐	☐
64. 本地同行企业间生产合作密切	☐	☐	☐	☐	☐	☐	☐
65. 本地同行企业间资金合作密切	☐	☐	☐	☐	☐	☐	☐
66. 本地同行企业积极参与制定行业标准	☐	☐	☐	☐	☐	☐	☐
67. 本地同行企业的合作提升了企业的竞争力	☐	☐	☐	☐	☐	☐	☐
68. 本地产品在国内享有盛誉	☐	☐	☐	☐	☐	☐	☐
本企业对行业的科研、法律咨询、银行信贷、技术培训、行业协会等配套机构的服务水平的评价							
69. 企业积极参与这些行业中介服务机构的活动	☐	☐	☐	☐	☐	☐	☐
70. 企业与这些机构有经常性交往	☐	☐	☐	☐	☐	☐	☐
71. 企业对这些机构非常信任	☐	☐	☐	☐	☐	☐	☐

据我了解,下列描述与我企业现状的相符程度	评价标准						
	完全不符		基本相符			完全相符	
	1	2	3	4	5	6	7
本企业对行业的科研、法律咨询、银行信贷、技术培训、行业协会等配套机构的服务水平的评价							
72. 企业对这些机构的服务水平很满意	□	□	□	□	□	□	□
73. 企业通过这些机构获得了同行企业的信息	□	□	□	□	□	□	□
74. 企业通过这些机构与同行交流经验和技能	□	□	□	□	□	□	□
本企业对地方政府作用的评价							
75. 地方政府积极培育技术、人才和资金市场	□	□	□	□	□	□	□
76. 地方政府对行业发展的干预很合理	□	□	□	□	□	□	□
77. 企业对地方政府非常信任	□	□	□	□	□	□	□
78. 企业对地方政府的服务水平很满意	□	□	□	□	□	□	□
79. 促进产业发展和创新的政策法规很完备	□	□	□	□	□	□	□
80. 这些政策法规得到很好的执行	□	□	□	□	□	□	□
81. 政策法规促进了本企业的技术创新活动	□	□	□	□	□	□	□

续表

据我了解,下列描述与我企业现状的相符程度	评价标准						
	完全 不符		基本 相符				完全 相符
	1	2	3	4	5	6	7
本企业对产业发展基础设施的评价							
82. 公、铁、水运线路发达	☐	☐	☐	☐	☐	☐	☐
83. 有发达的通讯网络	☐	☐	☐	☐	☐	☐	☐
84. 有充足的水电供应	☐	☐	☐	☐	☐	☐	☐
85. 有良好的环保设施	☐	☐	☐	☐	☐	☐	☐
对本企业经营业绩的自我评价							
86. 与竞争对手相比,企业销售增长很好	☐	☐	☐	☐	☐	☐	☐
87. 与竞争对手相比,企业盈利水平很好	☐	☐	☐	☐	☐	☐	☐

参考文献

[1] Castilla E，Hwang H，Granovetter E and Granovetter M. *Social Networks in Silicon Valley*. Social Networks in Silicon Valley，in The Silicon Valley Edge—A Habitat for Innovation and Entrepreneurship. Stanford University Press，2000.

[2] Sturgeon T. What Really goes on in Silicon Valley? Spatial Clustering and Dispersal in Modular Production Networks. *Journal of Economic Geography*，2003，3(4).

[3] Saxenian A. *The Limits of Autarky: Regional Networks and Industrial Adaptation in Silicon Valley and Route 128*. Harvard University Press，1994.

[4] 王缉慈，等：《创新的空间——企业集群与区域发展》，北京大学出版社，2001年。

[5] Grabher G. The Weakness of Strong Ties: The Lock-in of Regional Development in the Ruhr Area. In Grabher G (ed.)，The Embedded Firm，Routledge，1993.

[6] 吴晓波，马如飞，毛茜敏：《基于二次创新过程的组织学习模式演进》，《管理世界》，2009年第2期。

[7] 王文平，汪桥红，欣慧君：《我国制造业集群中企业技术创新、网络嵌入与集群升级》，《东南大学学报(哲学社会科学版)》，2008年第10期。

[8] ［美］彼得·F·德鲁克：《创新与创业精神》，张炜译，上海人民出版社，2002年。

[9] Porter M E. Location，Competition，and Economic Development：Local Clusters in A Global Economy. *Economic Development Quarterly*，1990，14(1).

[10] ［美］熊彼特：《资本主义、社会主义与民主》，吴良健译，商务印书馆，2002 年。

[11] Van de Ven A H. Central Problems in the Management of Innovation. *Management Science*，1986，32(5).

[12] Conner K，Prahalad C. A Resource-Based Theory of the Firm：Knowledge versus Opportunism. *Organization Science*，1996，7(5).

[13] Foss N J. Knowledge-Based Approaches to the Theory of the Firm：Some Critical Comments. *Organization Science*，1996，7(5).

[14] Prahalad C K，Hamel G. The Core Competence of the Corporation. *Harvard Business Review*，1990，68(3).

[15] Simon H A. Bounded Rationality and Organizational Learning. *Organization Science*，1991，2(1).

[16] Nelson R R，Winter S G. *An Evolutionary Theory of Economic Change*. Belknap Press，1982.

[17] Dosi G，Freeman C，Nelson R，Silverberg G and Soete L. *Technical Change and Economic Theory*. Frances Pinter，1988.

[18] Levinthal D. Adaptation on Rugged Landscapes. *Management Science*，1997，43(7).

[19] Gavetti G，Levinthal D E. Looking Forward and Looking Backward：Cognitive and Experiential Search. *Administrative Science Quarterly*，2000，45(1).

[20] Fleming L. Recombinant Uncertainty in Technological Search. *Management Science*，2001，47(6).

[21] Nickerson，Zenger. A Knowledge-Based Theory of the Firm—The Problem-Solving Perspective. *Organization Science*，2004，15.

[22] Bathelt H，Malmberg A and Maskell P. Clusters and Knowledge：Local Buzz，Global Pipelines and the Process of Knowledge Creation. *Progress in Human Geography*，2004，28 (1).

[23] Pouder R，St. John C H. Hot Spots and Blind Spots：Geographical Clusters of Firms and Innovation. *Academy of Management Journal*，1996，21(4).

[24] Nelson R. *National Innovation Systems：A Comparative Analysis*. Oxford University Press，1993.

[25] Lundvall B. *National Systems of Innovation：Towards a Theory of Innovation and Interactive Learning*. Pinter Publishers，1992.

[26] Lundvall B. National Business Systems and National Systems of Innovation. *International Studies of Management & Organisation*，1999，29 (2).

[27] Porter M. *The Competitive Advantage of Nations*. Free Press，1990.

[28] 钟书华:《创新集群:概念、特征及理论意义》,《科学学研究》,2008 年第 1 期。

[29] Moulaert F，Sekia F. Territorial Innovationmodels：A Critical Survey. *Regional Studies*，2003，37 (3).

[30] Asheim B T，Coenen L. Knowledge Bases and Regional Innovation Systems：Comparing Nordic Clusters. *Research Policy*，2005，34.

[31] Cooke P. Evolution of Regional Innovation Systems：Emergence，Theory，Challenge for Action. In Cooke P，et al.

(Eds.), Regional Innovation Systems, znd ed. Routledge, London, 2004.

[32] Isaksen A. Regional Clusters Building on Local and Non-Local Relationships: A European Comparison. In Lagendijk A, Oinas P (Eds.), *Proximity, Distance and Diversity: Issues on Economic Interaction and Local Development*. Ashgate, Aldershot, 2005.

[33] Hendry C, Brown J and Defillip R. Regional Clustering of High Technology-based Firms: Opto-electronics in Three Countries. *Regional Studies*, 2000, 34 (2).

[34] Porter M. *On Competition*. Harvard Business School Press, 1998.

[35] Penrose E. *The Theory of the Growth of the Firm*. Oxford University Press, 1959.

[36] 邬爱其,贾生华:《企业成长机制理论研究综述》,《科研管理》,2007 年第 2 期。

[37] 邬爱其:《集群企业网络化成长机制研究——对浙江三个产业集群的实证研究》,浙江大学博士学位论文,2005 年。

[38] 黄洁:《集群企业成长中的网络演化》,浙江大学博士学位论文,2006 年。

[39] 彭澎:《基于社会网络视角的高技术企业集群式成长机制研究》,吉林大学博士学位论文,2007 年。

[40] Gereffi G. The Global Economy: Organization, Governance, and Development. Smelser N and Swedberg R. *Handbook of Economic Sociology* (2nd ed). Princeton University Press and Russell Sage Foundation, 2003.

[41] Gereffi G, Humphrey J and Sturgeon T. The Governance of Global Value Chains: An Analytical Framework. Paper Presented at the Bellagio Conference on Global Value

Chains，April，2003.

[42] Humphrey J. Upgrading in Global Value Chains. Paper Presented at the Bellagio Conference on Global Value Chains，April，2003.

[43] Kaplinsky，Morris. A Handbook for Value Chain Research. Prepared for the IDRC，2001.

[44] 文嫣,曾刚:《全球价值链治理与地方产业网络升级研究——以上海浦东集成电路产业网络为例》,《中国工业经济》,2005 年第 7 期。

[45] 梅丽霞,柏遵华,聂鸣:《试论地方产业集群的升级》,《科研管理》,2005 年第 5 期。

[46] Tan Z A. Product Cycle Theory and Telecommunications Industry：Foreign Direct. Investment，Government Policy，and Indigenous Manufacturing in China. *Telecommunications Policy*，2002，26.

[47] 俞荣建,吕福新:《由 GVC 到 GVG:"浙商"企业全球价值体系的自主构建研究——价值权力争夺的视角》,《中国工业经济》,2008 年第 4 期。

[48] Granovetter M. Economic Action and Social Structure：The Problem of Embeddedness. *American Journal of Sociology*，1985，91.

[49] Ahuja G. Collaboration Networks，Structural Holes，and Innovation：A Longitudinal Study. *Administration Science Quartly*，2000，45.

[50] 边燕杰,丘海雄:《企业的社会资本及其功效》,《中国社会科学》,2000 年第 2 期。

[51] 孙俊华,陈传明:《企业家社会资本与公司绩效关系研究——基于中国制造业上市公司的实证研究》,《南开管理评论》,2009 年第 2 期。

[52] 姜翰,金占明:《企业间关系强度对关系价值机制影响的实证研究——基于企业间相互依赖性视角》,《管理世界》,2008 年第 12 期。

[53] 刘学,王兴猛,江岚,等:《信任、关系、控制与研发联盟绩效——基于中国制药产业的研究》,《南开管理评论》,2008 年第 3 期。

[54] Porter M E. Clusters and the New Economics of Competition. *Harvard Business Review*, 1998, 76 (6).

[55] Tichy G. Are Today's Clusters the Problem Areas of Tomorrow? In Competence Clusters Ed. Steiner M (Leyam, Graz), 1997.

[56] Bergman E M, Feser E J. Industrial and Regional Clusters: Concepts and Comparative Applications. *Regional Research Institute*. West Virginal University, 1999.

[57] 魏守华,石碧华:《论企业集群的竞争优势》,《中国工业经济》,2002 年第 1 期。

[58] 张永安,王娟:《目前产业集群演化研究的进展与不足》,《经济论坛》,2008 年第 2 期。

[59] Gioacchino Garofoli. New Firm Formation and Regional Development: The Italian Case. *Regional Studies*, 1994, 28 (4).

[60] 秦夏明,董沛武,李汉铃:《产业集群形态演化阶段探讨》,《中国软科学》,2004 年第 12 期。

[61] 范如国,许烨:《基于复杂网络的产业集群演化及其治理研究》,《技术经济》,2008 年第 9 期。

[62] 陈欢,王瑟:《基于企业网络结构视角的产业集群生命周期研究》,《技术与市场》,2008 年第 8 期。

[63] 沈秋英等:《基于信任和企业进入退出机制的产业集群规模演化研究》,《中国管理科学》,2009 年第 4 期。

［64］ March J. Exploration and Exploitation in Organizational Learning. *Organization Science*, 1991, 1 (2).

［65］ He Z L, Wong P K. Exploration vs. Exploitation: An Empirical Test of the Ambidexterity Hypothesis. *Organization Science*, 2004, 15(4).

［66］ 朱朝晖,陈劲,陈钰芬:《探索性技术学习和挖掘性技术学习及其机理》,《科研管理》,2009 年第 3 期。

［67］ 李忆,司有和:《探索式创新、利用式创新与绩效:战略和环境的影响》,《南开管理评论》,2008 年第 5 期。

［68］ 于海波,郑晓明,方俐洛,等:《中国企业开发式学习与利用式学习平衡的实证研究》,《科研管理》,2008 年第 6 期。

［69］ 朱朝晖,陈劲:《探索性学习与挖掘性学习及其平衡研究》,《外国经济与管理》, 2007 年第 10 期。

［70］ Gibson C, Birkinshaw J. The Antecedents, Consequences, and Mediating Role of Organizational Ambidexterity. *Academy of Management Journal*, 2004, 47 (2).

［71］ Gupta A, Smith K and Shalley C. The Interplay between Exploration and Exploitation. *Academy of Management Journal*, 2006, 49 (4).

［72］ Siggelkow N, Levinthal D. Temporarily Divide to Conquer: Centralized, Decentralized, and Reintegrated Organizational Approaches to Exploration and Adaptation. *Organization Science*, 2003, 14 (6).

［73］ Jarillo J C. On Strategic Network. *Strategic Management Journal*, 1988, 9(1).

［74］ 许小虎,项保华:《企业网络理论发展脉络与研究内容综述》,《科研管理》,2006 年第 1 期。

［75］ Adler, Kwon. Social Capital: Prospects for a New Concept. *Academy of Management Review*, 2002.27(1).

[76] Baker W. Market Networks and Corporate Behavior. *American Journal of Sociology*, 1990, 96.

[77] Nahapiet, Ghoshal. Social Capital, Intellectual Capital, and the Organizational Advantage. *The Academy of Management Review*, 1998,23.

[78] Cross R, Parker A. *The Hidden Power of Social Networks: Understanding How Work Really Gets Done in Organizations*. Harvard University Press, 2004.

[79] Tsai W, Ghoshal S. Social Capital and Value Creation: The Role of Intrafirm Networks. *Academy of Management Journal*, 1998, 41 (4).

[80] Wellman B. Structural Analysis: From Method and Metaphor to Theory and Substance. In Wellman B & Berkowitz S D (Eds.), *Social structures: A network approach*. Cambridge University Press, 1988.

[81] Yli-Renko H, Autio E, Sapienza H. Social Capital, Knowledge Acquisition and Knowledge Exploitation in Young Technology-based Firm. *Strategic Management Journal*, 2001, 22(6—7).

[82] Granovetter M. The Strength of Weak Ties. *American Journal of Sociology*, 1973,78.

[83] McEvily B, Zaheer A. Bridging Ties: A Source of Firm Heterogeneity in Competitive Capabilities. *Strategic Management Journal*, 1999, 20(12).

[84] Burt R. *Structural Holes: The Social Structure of Competition*. Harvard University Press, 1992.

[85] Andriopoulos C, Lewis W. Exploitation-Exploration Tensions and Organizational Ambidexterity: Managing Paradoxes of Innovation. *Organization Science*, 2008, 1(22).

[86] 胡晓鹏:《模块化时代的产业结构:基于 SCP 范示的研究》,《中国工业经济》,2007 年第 4 期。

[87] Davidsson P, Achtenhagen L and Naldi L. Research on Small Firm Growth: A Review. PaperPresented at 35th Entrepreneurship, Innovation, and Small Business Conference, 2005.

[88] Harrison B. Industrial Districts: Old Wine in New Bottles? *Regional Studies*, 1992, 26(5).

[89] 边燕杰,丘海雄:《企业的社会资本及其功效》,《中国社会科学》,2000 年第 2 期。

[90] Tsai W. Knowledge Transfer in Intraorganizational Networks: Effects of Network Position and Absorptive Capacity on Business Unit Innovation and Performance, *Academy of Management Journal*, 2001, 44 (5).

[91] Regans R, McEvily B. Network Structure and Knowledge Transfer: The Effects of Cohesion and Range. *Administrative Science Quarterly*, 2003, 48(2).

[92] Uzzi B, Lancaster R. Relational Embeddedness and Learning: The Case of Bank Loan Managers and Their Clients. *Management Science*, 2003, 49(4).

[93] Tiwana A. Do Bridging Ties Complement Strong Ties? An Empirical Examination of Alliance Ambidexterity. *Strategic Management Journal*, 2008, 29.

[94] 蔡宁,潘松挺:《网络关系强度与企业技术创新模式的耦合性及其协同演化——以海正药业技术创新网络为例》,《中国工业经济》,2008 年第 4 期。

[95] Im G, Rai A. Knowledge Sharing Ambidexterity in Long-Term Interorganizational Relationships. *Management Science*, 2008, 54(7).

［96］蒋春燕,赵曙明：《社会资本和公司企业家精神与绩效的关系：组织学习的中介作用》,《管理世界》,2006 年第 10 期。

［97］蒋春燕,赵曙明：《组织学习、社会资本与公司创业——江苏与广东新兴企业的实证研究》,《管理科学学报》,2008 年第 6 期。

［98］Christian H, Ketels M. The Development of the Cluster Concept-Present Experiences and Further Developments. Prepared for NRW Conference on Clusters, Duisburg, Germany, 2003,5.

［99］唐晓华：《产业集群：辽宁增长的路径选择》,经济管理出版社,2006 年。

［100］金碚：《世界分工体系中的中国制造业》,《中国工业经济》,2003 年第 5 期。

［101］Markusen A. Sticky Places in Slippery Space：A Typology of Industrial Districts. *Economic Geography*, 1996, 72(3).

［102］冯德显：《产业集群及其对河南经济发展影响研究》,《地域研究与开发》,2003 年第 3 期。

［103］Uzzi, Spiro. Collaboration and Creativity：The Small World Problem. *American Journal of Sociology*, 2005,111 (2).

［104］Krackhardt D. The Strength of Strong Ties：the Importance of Philos in Organizations. In Networks and Organizations：Structure, Form, and Action, eds in Nohria N and Eccles R G. Harvard University Press, 1992.

［105］Cohen W, Levinthal D. Absorptive Capacity：A New Perspective on Learning and Innovation. *Administrative Science Quarterly*, 1990, 35(1).

［106］Adler P, et al. Flexibility Versus Efficiency? A Case Study of Model Changeovers in the Toyota Production System. *Organization Science*, 1999,10.

[107] Porter M E. What is Strategy? *Harvard Business Review*, 1996,74(6).

[108] Rodan, Galunic. More than Network Structure: How Knowledge Heterogeneity Influences. Managerial Performance and Innovativeness. *Strategic Management Journal*, 2004, 25.

[109] Hesseldahl A. Toshiba will have UPS Fix Its Laptops. Forbes, 2004(9).

[110] Gulati R. Social Structure and Alliance Formation Patterns: A Longitudinal Analysis, *Administrative Science Quarterly*, 1995, 40 (4).

[111] Portes A. Social Capital: Its Origins and Applications in Modern Sociology. *Annual Review of Sociology*, 1998,24.

[112] Putnam R D. *Making Democracy Work: Civic Traditions in Modern Italy*. Princeton University Press, 1993.

[113] Levinthal D, March J. The Myopia of Learning. *Strategic Management Journal*, 1993, 14.

[114] Levin D, Cross R. The Strength of Weak Ties You Can Trust: The Mediating Role of Trust in Effective Knowledge Transfer. *Management Science*, 2004, 50 (11).

[115] Robson, et al. Drivers and Performance Outcomes of Trust in ISAs. *Organization Science*, 2008, 19(4).

[116] Coleman J. *Foundations of Social Theory*. Belknap Press of Harvard University Press, 1990.

[117] Ghoshal, Bartlett. Linking Organizational Context and Managerial Action: the Dimensions of Quality of Management. *Strategic Management Journal*, 1994, 15(5).

[118] 谢洪明,罗惠玲,王成,等:《学习、创新与核心能力:机制和

路径》,《经济研究》,2007 年第 2 期。

[119] 何晓群:《多元统计分析》,中国人民大学出版社,2004 年。

[120] 王保进:《多变量分析统计软件与数据分析》,北京大学出版社,2007 年。

[121] Bagozzi R, Fornell C. Theoretical Concepts, Measurements, and Meaning, in Fornell, C. (Eds), A Second Generation of Multivariate Analysis. *Measurement and Evaluation*, 1982, (2).

[122] Anderson J, Gerbing D. Structural Equation Modeling in Practice: A Review and Recommended Two-step Approach. *Psychological Bulletin*, 1988, 103.

[123] Hair J, Anderson R, Tatham R, et al. Multivariate Data Analysis. Prentice Hall, 1988.

[124] 曾五一,黄炳艺:《调查问卷的可信度和有效度分析》,《统计与信息论坛》,2005 年第 6 期。

[125] 侯杰泰,温忠麟,成子娟:《结构方程模型及其应用》,教育科学出版社,2005 年。

[126] Fornell C, Larcker D. Evaluating Structural Equation Models with Unobservable Variables and Measurement Error. *Journal of Marketing Research*, 1981, (18).

[127] 廖列法,王刊良:《知识管理策略与组织知识水平关系研究——探索式与利用式学习的视角》,《科学学研究》,2008 年第 5 期。

[128] Simon H. What We Know About the Creative Process. In Kuhn R L (ed.), Frontiers in Creative and Innovative Management. Ballinger, 1985.

[129] Kogut B, Zander U. What Do Firms Do? Coordination, Identity and Learning. *Organization Science*, 1996, 7(5).

[130] 李维安,邱昭良:《网络组织的学习特性辨析》,《科研管

理》，2007 年第 6 期。

[131] Boschma R，Lambooy J. Knowledge，Market Structure and Economic Coordination：The Dynamics of Italian Industrial Districts. *Growth and Change*，2002，33（2）.

[132] Lazerson M，Lorenzoni G. The Firms that Feed Industrial Districts：A Return to the Italian Source. *Industrial and Corperate Change*，1999，8（2）.

[133] Boari，C. Industrial Clusters，Focal Firms，and Economic Dynamism：A Perspective from Italy. *World Bank Institute*，2001.

[134] 王文平，谈正达：《有核网络型集群中知识共享深度与知识型企业的创新资源投入关系研究》，《管理工程学报》，2008 年第 3 期。

[135] Lin N. Social Networks and Status Attainment. *Annual Review of Sociology*，1999，25.

[136] 黄培伦，黄珣，陈健：《企业内部服务质量、关系质量对内部顾客忠诚的影响机制：基于内部营销视角的实证研究》，《南开管理评论》，2008 年第 11 期。

[137] Nootboom B. Innovation，Learning and Cluster Dynamics. Tilburg University，2005.

[138] Owen-Smith J，Powell W. Knowledge Networks as Channels and Conduits：The Effects of Spillovers in the Boston Biotechnology Community. *Organization Science*，2004，15（1）.

[139] Wolfe D，Gertler M. Clusters from the Inside and Out：Local Dynamics and Global Linkages. *Urban Studies*，2004，41（5/6）.

[140] Scott A. Regions and the World Economy. Oxford University Press，1998.

[141] Malipiero A, Munari F and Sobrero M. Focal Firms as Technological Gatekeepers within Industrial Districts: Knowledge Creation and Dissemination in the Italian Packaging Machinery Industry. Paper presented to the DRUID Winter Conference, 2005.

[142] Brown S, Eisenhardt K. The Art of Continuous Change: Linking Complexity Theory and Time-Paced Evolution in Relentlessly Shifting Organizations. *Administrative Science Quarterly*, 1997, 42 (1).

[143] Benner M J, Tushman M L. Process Management and Technological Innovation: A Longitudinal Study of the Photography and Paint Industries. *Administrative Science Quarterly*, 2002, 47.

[144] Maskell P. Towards A Knowledge-based Theory of the Geographical Cluster. Industrial and Corporate Change, 2001, 10 (4).

[145] Gulati R. Alliances and Networks. *Strategic Management Journal*, 1998, 19 (4).

[146] Polanyi K. The Economy as Instituted Process, The Sociology of Economic Life. Mark Granovetter and Richard Swedberg, Westview Press, 1992.

[147] Cross R, Sproull L. More than An Answer: Information Relationships for Actionable Knowledge. *Organization Science*, 2004, 15 (4).

[148] He Shaowei. Cluster, Structural Embeddedness, and Knowledge: A Structural Embeddedness Model of Clusters. Paper Presented at DRUID-DIME Winter PHD Conference Skoerping, Denmark, 2006.

[149] Koza M, Lewin A. The Co-Evolution of Strategic Alli-

ances. *Organization Science*, Special Issue: Managing Partnerships and Strategic Alliances, 1998, 9 (3).

[150] Baum J, Li X and Usher M. Making the Next Move: How Experiential and Vicarious Learning Shape the Locations of Chains' Acquisitions. *Administrative Science Quarterly*, 2000, 45.

[151] Beckman C, Haunschild P and Phillips D. Friends or Strangers? Firm-specific Uncertainty, Market Uncertainty, and Network Partner Selection. *Organization Science*, 2004, 15.

[152] Klepper S. The Evolution of the U S Automobile Industry and Detroit as Its Capital. Paper presented at 9th Congress of the International Joseph A. Schumpeter Society March Gainesville, Florida. 2002.

[153] Powell W, Koput K and Smith-Doerr L. Interorganizational Collaboration and the Locus of Innovation: Networks of Learning in Biotechnology. *Administrative Science Quarterly*, 1996, 41 (1).

[154] Grabher G. The Project Ecology of Advertising: Tasks, Talents and Teams. *Regional Studies*, 2002, 36.

[155] Hannan M, Carroll G and Polos L. The Organizational Niche. *Sociological Theory*, 2003, 21 (4).

[156] Scott A. *Regions and the World Economy*. Oxford University Press, 1998.

[157] Porter M E. Clusters and the New Economics of Competition. *Harvard Business Review*, 1998, 76 (6).

[158] Tichy G. Are Today's Clusters the Problem Areas of Tomorrow? in Competence Clusters Ed. M Steiner (Leyam, Graz), 1997.

[159] Lin Z, Yang H and Demirkan I. The Performance Consequences of Ambidexterity in Strategic Alliance Formations: Empirical Investigation and Computational Theorizing. *Management Science*, 2007, 53 (10).

[160] Uzzi B. Social Structure and Competition in Interfirm Networks: The Paradox of Embeddedness. *Administrative Science Quarterly*, 1997, 42.

[161] Bergman E M, Feser E J. Industrial and Regional Clusters: Concepts and Comparative Applications. Regional Research Institute. West Virginal University, 1999.

[162] 魏守华,石碧华:《论企业集群的竞争优势》,《中国工业经济》,2002 年第 1 期。

[163] 张永安,王娟:《目前产业集群演化研究的进展与不足》,《经济论坛》,2008 年第 2 期。

[164] Teece D, Pisano G and Shuen A. Dynamic Capabilities and Strategic Management. *Strategic Management Journal*, 1997, 18 (7).

[165] Leonard-Barton D. Core Capabilities and Core Rigidities: A Paradox in Managing New Product Development. Strategic Management Journal, Special Issue: Strategy Process: Managing Corporate Self-Renewal, 1992, 13.

[166] Bathelt H, Taylor M. Clusters, Power and Place: Inequality and local Growth in Time-Space. *Geografiska Annaler*, 2002, 84 B (2).

[167] 王缉慈:《关于发展创新型产业集群的政策建议》,《经济地理》,2004 年第 4 期。

[168] Uzzi B. The Sources and Consequences of Embeddedness for the. Economic Performance of Organizations: The Network Effect. *American Sociological Review*,

1996, 61.

[169] Rantisi N. The Local Innovation System as A Source of "Variety": Openness and Adaptability in New York City's Garment District. *Regional Studies*, 2002, 36.

[170] Sunley P. Relational Economic Geography: A Partial Understanding or A New Paradigm? *Economic Geography*, 2008, 84(1).

[171] Beckman C, Haunschild P and Phillips D. Friends or Strangers? Firm-specific Uncertainty, Market Uncertainty, and Network Partner Selection. *Organization Science*, 2004, 15.

[172] Tushman M, O'Reilly C. Ambidextrous Organizations: Managing Evolutionary and Revolutionary Change. *California Management Review*, 1996, 38 (4).

[173] Burgelman R. Strategy as Vector and the Inertia of Co-Evolutionary Lock-in. *Administrative Science Quarterly*, 2002, 47(2).

[174] Greve H. Patterns of Competition: The Diffusion of A Market Position in Radio Broadcasting. *Administrative Science Quarterly*, 1996, 41(1).

[175] Nootboom B. Innovation, Learning and Cluster Dynamics. Tilburg University, 2005.

[176] Bettis R, Prahalad C. The Dominant Logic: Retrospective and Extensions. *Strategic Management Journal*, 1995, 16.

[177] DiMaggio P, Powell W. The Iron Cage Revisited: Institutional Isomorphism and Collective Rationality in Organizational Fields. *American Sociological Review*, 1983, 48(2).

[178] Argyris C, Schon D. Organizational Learning: A Theory

of Action Perspective. Reading, Mass: Addison Wesley, 1978.

[179] Levinthal D, Myatt J. Co-Evolution of Capabilities and Industry: The Evolution of Mutual Fund Processing. *Strategic Management Journal*, 1994, 15.

[180] Holbrook D, Cohen W, Hounshell D, et al. The Nature, Sources, and Consequences of Firm Differences in the Early History of the Semiconductor Industry. *Strategic Management Journal*, 2000, 21.

[181] Granovetter M. Problems of Explanation in Economic Sociology, in Nohria N and Eccles R (eds) Network and Organizations: Structure, Form and Action. Harvard Business School Press. 1992.

[182] Rowley T, Behrens D and Krackhardt D. Redundant Governance Structures: An Analysis of Structural and Relational Embeddedness in the Steel and Semiconductor Industries. *Strategic Management Journal*, 2000, 21 (3).

[183] Burt R S. Structure Holes: The Social Structure of Competition. Harvard University Press. 1992.

[184] Eisenhardt K. Paradox, Spirals, Ambivalence: The New Language of Change and Pluralism. *Academy of Management Review*, 2000, 25 (4).

[185] Powell W. Neither Market nor Hierarchy: Network Forms of Organization. *Research in Organization Behavior*, 1990, (12).

[186] Barabasi A, Albert R. Emergence of Scaling in. Random Networks. *Science*, 1999, 286.

[187] 费孝通:《温州行》,《瞭望》,1986 年。

[188] 史晋川:《温州模式的历史制度分析——从人格化交易与

非人格化交易视角的观察》,《浙江社会科学》,2004 年第 2 期。

[189] 顾松年:《从苏南模式的创新演进到新苏南模式的孕育成型》,《现代经济探讨》,2005 年第 1 期。

[190] 中国社会科学院课题组:《"温州模式"的转型与发展》,《中国工业经济》,2006 年第 6 期。

[191] 贺大卓:《温州模式变盘中小企业升级元年》,《英才》,2008 年第 10 期。

[192] 任胜钢:《苏州产业集群与跨国公司互动关系的实证分析》,《中国软科学》,2005 年第 1 期。

[193] Martin R, Sunley P. Path dependence and regional economic evolution. *Journal of Economic Geography*, 2006, 6(4).

[194] Boschma R A, Frenken K. Cluster Evolution and a Roadmap for Future Research. *Regional Studies*, 2011, 45 (1).

[195] Menzel M P, D. Fornahl Cluster Life Cycles: Dimensions and Rationales of Cluster Evolution, *Industrial and Corporate Change*, 2010, 19(1).

[196] Malipiero A, Munari F, Sobrero M. Focal Firms as Technological Gatekeepers Within Industrial Districts: Evidence from the Packaging Machinery Industry, Paper Presented at the 2005 DRUID Winter Conference, Skorping, Denmark, 2005, 27—29 January.

[197] Morrison A. "Gatekeepers of Knowledge" within Industrial Districts: Who They are, How They Interact. *Regional Studies*, 2008,42(6).

[198] Rychen F Zimmerman. Clusters in the Global Knowledge-based Economy: Knowledge Gatekeepers and Temporary Proximity. *Regional Studies*, 2008, 42(6).

[199] Graf H. Gatekeepers in Regional Networks of Innovators, *Cambridge Journal of Economics*, Advance Access Published on March 3. 2010.

[200] Whittington K B, Owen-Smith J, Powell W W. Networks, Propinquity and Innovation in Knowledge-Intensive Industries. *Administrative Science Quarterly*, 2009, 54.

[201] Maskell P. Towards A Knowledge-based Theory of the Geographical Cluster. *Industrial and Corporate Change*, 2001, 10 (4).

[202] Albino V, Garavelli C, Schiuma G. Knowledge Transfer and Inter-firm Relationships in Industrial Districts: the Role of the Leader Firm. *Technovation*, 1999, 19.

[203] Mesquita L F, Lazzarini S G. Horizontal and Vertical Relationships for SMEs' access to Global Markets. *Academy of Management Journal*, 2008, 51(2).